U0116694

池田大作

池田大作 著

走在大道上——我的人生記錄

第三卷 ● 1990-1994

商務印書館

走在大道上 —— 我的人生記錄（第三卷）

作　　者：池田大作

責任編輯：蔡枳音

封面設計：楊啟業

出　　版：商務印書館（香港）有限公司

　　　　　香港筲箕灣耀興道 3 號東滙廣場 8 樓

　　　　　http://www.commercialpress.com.hk

發　　行：香港聯合書刊物流有限公司

　　　　　香港新界大埔汀麗路 36 號中華商務印刷大廈 3 字樓

印　　刷：美雅印刷製本有限公司

　　　　　九龍官塘榮業街 6 號海濱工業大廈 4 樓 A

版　　次：2014 年 6 月第 1 版第 1 次印刷

前　言

時光荏苒，以《我的人生記錄》為題，開始在雜誌上連載以來，已經快 7 年了。在此期間，我是在世界上東奔西走，與眾多的人進行交談，利用中間的餘暇來寫作的。

這與退居二線、關在書齋裏寫回憶錄不同，我是一邊行動一邊執筆寫作。

我還認為，這也是一部回顧過去，同時從過去來看現在，並從現在來展望未來的，可以說是"為了明天的回憶錄"。

有一幕情景，刻印在我的腦海中，難以磨滅。

二十多年前，我歷時 61 天，巡訪了北半球。途中，在德國的法蘭克福，我和青年們一起參觀了"歌德故居"。

那是一幢刻印着沉甸甸的歷史的歲月，好似深深地扎根於大地的五層的厚重的石造建築。

四樓有一間質樸的書房。《少年維特的煩惱》和《浮士德》就是在這個房間創作的。

這個房間裏放着一張高度一般的書桌，和一張桌腿很高的書桌。沒有椅子。歌德長時間坐着寫作，一旦感到疲倦，就轉到那個高桌子面前，站着繼續寫作。他就是這樣手不離筆地寫作。

寫作是使生命凝結的極其嚴肅認真的工作。

先人們生動地向我們明示，在不間斷的挑戰中，才會產生新的創造。

歌德說過一句箴言："人格是在世間的驚濤駭浪中形成的。"

這句箴言是恩師戶田城聖先生為了鼓勵年輕的我而教給我的。當時，恩師的事業遭到挫折，陷於艱難的境地。職員們都紛紛離他而去。

我自身的人生骨骼也確實是在那個驚濤駭浪的時代形成的。"艱難確實是最好的教育"。

我體弱多病，夜以繼日地到處奔走，但不知不覺地已活到 74 歲，超過了先師牧口常三郎先生殉教時的年齡。

真是光陰似箭，日月如梭。

"予七十有餘，始知人"。

這話是江戶時代的畫家司馬江漢説的。他一生都和許多市井平民一起探索人生。

確實如此，到了這個年歲，有些東西才會漸漸看得更加清楚一些。其中的一點，用普通的說法來說，那就是自己並不是一個人活到現在。

首先，我有真正的朋友。他們和我一起同甘共苦，奮力走在和平、文化和教育的民眾運動的大道上。

還有許多真心支援我們行動的人。更有世界各地和我們結下深厚友誼的有識之士的盟友。

對所有這些人，我都感激不盡。每天我都深切感受到佛法所說的"一切眾生之恩"。

佛典無數，被形容有"八萬四千"。它們究竟要闡明甚麼呢？

正如佛說"八萬四千法藏為我一人之日記文獻"。這一龐大體系按宇宙宏大的規模，從永恆性的層次，全面闡述了"一個"人的生命的法理。

我的恩師在第二次世界大戰中與日本軍國主義堅決鬥爭，被關進監獄兩年。在獄中，他探究了佛法的這一生命哲理的真髓，在迫害的黑暗中看到了最大的光明。於是在戰後極其頹廢的社會中，使一個人又一個人的尊貴無比的生命從內心深處發出光輝，掀起了"人間革命"的希望波濤。

我作為恩師的弟子，完全遵照恩師的教導，和同志們一起，把這一人本主義的爭取和平的團結擴大到全世界180個國家和地區。

在這個意義上，對於我來說的"人生記錄"也許可以説，就是把恩師的精神在現實中一一地加以體現、展開的"日記文獻"，就是呈獻給恩師的"行動報告"。

這部連載最近已到了可以整理為"走在大道上"的第三卷的時候了。

從時機上來說，這本書正寫於從 20 世紀到 21 世紀激烈變動的時期。

由於是在事務繁忙時寫作的，很多部分不能盡情地描述，說來慚愧，讀者如能把它當作一個人的真實軌跡來閱讀，那將是我最大的榮幸。

最後，對付出出版辛勞的《每日新聞》社出版局局長仁科邦男先生和擔當責編的清水香臣先生，致以衷心的感謝。

.

池田大作

2002 年 2 月 11 日

恩師誕辰佳日

目　錄

一

令人夢想的北國大地

（1990~1991）

令人夢想的北國大地

充滿無限希望的新的千禧年的元旦 (2000 年 1 月) 來臨了。

恩師戶田城聖先生 (創價學會第二任會長) 生於 1900 年，2000 年是他誕辰一百周年。我作為他的弟子，能夠繼恩師之後，每天都健康地為了佛法流布而工作，真正地感到這是最大的光榮。

對於戶田先生以及牧口常三郎先生 (創價學會首任會長) 來說，北海道都是有緣的天地。這裏是他們度過青少年時代、形成人生和精神骨骼的地方。正因為如此，與兩位先生有緣的北海道，是我一向憧憬的天地。

無論是誰，人在內心深處都會珍藏着一個難以忘記的地方。對我來說，北海道某個小鎮的一角就是這樣的地方。

一段時期，我的老家和這個小鎮曾有過密切的聯繫。事情發生在 1928 年 1 月 2 日我出生的前後，從此就開始了一個"故事"。

我從未去過那裏，但聽説過許許多多有關它的故事，也進行過調查，在我的腦子裏，那個小鎮就好似生動描繪的一幅美麗的畫。這個小鎮就是白糠町。

❖ 令人憧憬的白糠町

北海道東部城市釧路是一個安靜樸實、引人鄉愁的地方。

這裏，曾經是火車到達的終點。據說詩人石川啄木從小樽出發到達釧路時寫過這樣的詩句："在偏遠的小站上下車 / 積雪皚皚 / 耀眼緩步 / 走進寂靜的市街"。

1938 年 6 月，牧口先生曾在戶田先生陪同下來到釧路，出席教育講習會，發表了演講。當時的《釧路新聞》還曾經報道牧口先生來到北海道的消息。

我也在 25 年後的 1963 年首次訪問了釧路。那裏有着許多令我印象深刻的優秀的同志。

從釧路沿着國道 38 號線朝着帶廣的方向駛去，穿過市街，右邊是宏大開闊的原野。左邊是一望無際的浩瀚的大海。那是太平洋。海岸線被湧上來的海浪鑲上一道白色的花邊。極目遠眺，水平線的對面浮現出一隻、兩隻船影……

那是我父親見過的大海。

從釧路駕車行駛約 40 分鐘，就到了我憧憬的白糠町。鎮外有一個寬約 30 米的河口，那是茶路川。茶路是來源於阿依努語的譯音，是"口"的意思。也即是河口。這就成了河名，也成了地名。

這是一條富饒的河，初秋時節鮭魚、晚秋時節有柳葉魚成羣結隊地游來。

茶路川發源於白糠町北邊高約 600 米的丘陵，長 70 公里。茶路川流域就是茶路原野。據說上茶路曾有煤礦，曾經興旺一時。

為了開墾茶路原野，父親子之吉曾經數次造訪白糠町。1919 年以池田家本家戶主的名義，提出了要把原野開墾成耕地的申請。申請書的住址欄裏填寫着“東京市荏原郡入新井町大字不入斗”。

當時池田家住在東京大森的入新井，大規模地經營紫菜製造業。父親和作為戶主的長兄一起，把家業發揚光大了。

在最盛時期，據說母親阿一也要照管很多人的伙食，非常辛苦。

為了擴大規模，在當地最早使用了安裝發動機的船隻，橫越東京灣，開到對岸千葉。在那裏，把紫菜孢子種到養殖紫菜的竹竿上，再把竹竿帶回大森的海面上培育。據說採用這種移植方法，使得家業極其興盛起來。因此才有餘力投入開墾事業。

當時根據“北海道國有未開墾土地處理法”，對於在一定期間使用未開墾土地，從事耕作等事業的人，規定可以將未開墾土地出售給他。

但又規定，開墾事業如不成功，則取消出售土地的處理，並且不退還預付的價款。

申請在 1922 年 1 月 9 日獲得批准。當時的地名是"釗路國白糠郡白糠村大字白糠村字荼路"，出售了 37 町（1 町約等於 9917 平方米 —— 譯者）多原野。

荼路原野是個盆地，三面被高約 200 米的丘陵包圍着，荼路川從中央流過。流域面積約 350 平方公里。池田家的開墾地就在其中的一角。

荼路是個風光明媚的地方。1907 年開通了旭川至釗路的鐵路，文豪德富蘆花曾於 1910 年在白糠站下車，周遊了荼路沼澤。父親大概也是經由這條鐵路，從東京來到白糠町的。

登上小鎮不太高的丘陵，大海在北國陽光下閃動跳躍。我想，對於以經營紫菜為家業的池田家來說，在選擇開墾候補地時，可以看到大海，恐怕是極其重要的條件。

看來父親是代表家人，經常來到這面臨大海、可以聽到海潮聲的原野的。開墾地就在白糠站北面一公里的地方。

❖ 童年的回憶

北海道是非常吸引人的，是真正新開拓的土地。牧口先生、戶田先生無所畏懼的進取精神和寬廣的胸懷，也都是在這片雄偉的天地培育的。

牧口先生曾在小樽當過雜役。他總是手不釋卷，一有時間就讀書。很快就被人們稱為"好學的工友"，有人看中他的好學精神，推薦他進入札幌師範學校學習。

後來他構思出《人生地理學》。這也是他在北海道與地理學的同行學者們大膽鑽研的結果。

在朝氣蓬勃的開拓地北海道，有一種接受自由的思想、使有能力的人得以發展的時代的氣氛。

戶田先生也在北海道一面堅持勤工儉學，一面不忘初志，走上了代課教員的道路。先生終生都未喪失豪放磊落的性格。這固然是先生生來的氣質，但也令人感到深受廣闊的北海道氛圍的影響。

父親也許也是被這樣的北海道吸引住了。製作紫菜是極其繁忙的工作，到了夏天才比較空閒。他去茶路都是夏天。

春天來得晚，雪一融化，大地一片泥濘。到了夏天，人才能進來。

車站前的旅館養着幾匹馬出租。據說客人都是光腳穿草鞋騎馬去視察。泥濘的開拓地，沒有馬匹是進不去的。

白糠以出產"道產子"（北海道出產的馬）而聞名，附近就設有軍馬培養補充地。白糠車站是運送軍馬的重要的發送站。

開拓工作沒有想像的那麼順利。一年到頭都很潮濕的沼澤地，零零星星地露出“沼澤地禿斑”，但不能變成耕地。再加上製作紫菜的家業在 1923 年的關東大地震中受到打擊，已經沒有餘力再向開拓工作投入人力和資金了。

土地，作為耕種事業未成功的土地，取消了出售，根據記錄，是在 1928 年 1 月 12 日取消的。當時我剛出生不久。月底，用雙掛號郵件通知了我家。

下面談的當然是假設 —— 如果開拓成功、順利進行，家裏也許有人會遷居白糠。我可能在那裏出生也不可否定。如果家業能順利發展，可能會向開拓投入更多的力量。

或者是相反，如果家業也完全敗落，也許乾脆就到北海道尋找新天地。這樣我們全家所走的道路也將會完全不同吧。

人們叫父親是“倔巴佬”。他一旦決定的事，怎麼也不能改變，極其頑固。

後來他得了風濕病，行動不能自由。對於這時的父親來說，騎馬視察原野，已是他燃燒着開拓精神的豪爽的回憶吧。

我想起幼小的時候，沉默寡言的父親懷念往昔，跟我們談起開拓的情景說：“有一匹好馬。人與馬連成一體，跑在原野唯一的一條路上。嗯，還可以看見大海呢……”

父親身體垮掉之後，我們家還以母親為中心，仍在以淺草紫菜而聞名的產地大森艱難經營着紫菜製作。

製作紫菜要起早。冬天的早晨，要用手把附着在竹竿上的紫菜摘取下來。

我也幫着幹活。但我生來體弱多病，冬天的寒冷格外地沁入骨髓。母親的手在冬天一直凍得紅彤彤的。

我就是這樣一個製作紫菜人家的兒子。我一直以此為榮，並公開地這麼説。

昔日的繁華日益消失，父母對我貫注了全部的愛，撫育了我。

最重要的是在清貧中摸索出了有價值的人生。正因為有很多苦惱，所以能真誠地追求人生的意義……

❖ 和戶田城聖先生的相遇

正因為生長在這樣的環境中，有着艱苦的青春歲月，所以後來才遇上了恩師戶田先生。我感謝自己所處的境遇，同時也對這次可以稱之為命中注定的相遇不由得感到不可思議。

我如同路旁一塊粗糙的石子，而先生卻對我貫注心血，精心磨研。在這樣的過程中，我走上了弘揚佛法的正確的人生軌道。

初次見到戶田先生是 1947 年的春天——8 月 14 日星期四的晚上。那天天氣晴朗。

兩年四個月之後，我到先生的出版社工作。由於事業遭到挫折，不發工資，冬天也穿着開襟襯衫度過，不過現在覺得那真是黃金般珍貴的歷史。

當時，戶田先生陷入孤立無援的境地，只有我一個人支持、守護着他。冬天何時來的，春天何時到的，過着連這些都無暇顧及的日子。

先生擺脫了危機，於 1951 年 5 月 3 日就任創價學會第二任會長。

第二年，先生就任會長一周年那天，為了我的結婚典禮，空出了這個重要的日子。

結婚時，戶田先生特地來到我"糀谷"（日本地名）的老家，拜訪了父親子之吉，徵得了他的同意。先生直率地問道："能把公子託付給我嗎？"父親只回答了一句話，"送給您吧"。我經常回憶起父親穿着印有家徽的和服裙褲，出席婚宴時的那副安詳放心的樣子。

父親於 1956 年臨近年關的臘月初十去世了。接到訃聞，那天晚上我住在闊別好久的老家。

"大家都去給亡人祈求冥福吧"，在恩師的安排下，家裏來了許多人。

父親曾經做過開墾的夢，在之後不得志的日子裏，也一直老老實實地生活着。他的臉好像心滿意足在笑着。

送殯的那天晚上，院子裏篝火發出嘩哩啪啦的響聲。

✦ 恩師的故鄉・厚田村

曾經點燃起父輩們熱情的那片土地，現在發展如何呢？

聽說靠北邊開拓地的左側已建成公路，成為國道 392 號線。沿着公路，建立了商店和汽車修配廠。

在其周圍步行的一個小時的區域內，漂亮的房屋和鎮營的公寓櫛比林立。據說有幽靜的新興住宅區的情趣。

向北去，右側有很大的膠合板製造工廠，是白糠的主要產業之一，讓人想起木材業。

以前，原木的運輸是順茶路川而下的。聽說最近有了京都大學實驗林，北海道獨特的景觀形成了新的街道。

我最高興的是，我們創價學會的白糠支部和西庶路支部的同志，在這裏以白糠會館為中心，大大地擴大了地區的友好和信賴。

白糠町於 2000 年迎來了實行町制 50 周年。

春光爛漫的 4 月 ——

每到櫻花盛開的季節，我的腦海裏總是縈繞着恩師的去世。一想到恩師，就會想起他的故鄉厚田村。

令人難以忘懷的是恩師第一次帶我去厚田的日子。

年年歲歲春到來，我總是在萬朵櫻花中看到戶田先生的面影，重溫師生的誓言前進。

為慶賀恩師誕辰一百周年，故鄉厚田村把意義深刻的"榮譽村民"的稱號贈給了戶田先生。作為弟子，再也沒有比這更高興的事了。

1990年4月2日的忌辰正好要舉行第33周年忌辰的法事。

在亡人的忌辰追思其人，我認為是很重要的，也是人之常情。最重要的是堅定不移地繼承恩師的精神。

不過，"XX周年忌辰法事"的儀式在佛教中原本是沒有的。

有一位著名的宗教學家說："日本的佛教人士稱為'儀式宗教'或'葬禮佛教'也不是沒有道理的。他們的僧侶說，在舉行葬禮的時候念念經，超渡一下，寫個戒名，死者就成佛了。他們還說：'在頭七、三周年忌辰、十三周年忌辰的時候，請僧侶來念念經，死者就會成佛。'這不是很奇怪嗎？不是說在葬禮的時候超渡一下就可成佛嗎？要讓死者成佛多少次呢？"

確實是如此。很有道理。

“周年忌”的“忌”是“禁忌”的意思。是“忌諱”的“忌”。日本的民間風俗把死者當作污穢的存在而加以祭祀，以避免其作祟。這裏有着這樣的影響。

亡人絕對不是“應當忌諱”的存在。

亡人永遠活在我們的心中，我們有時會流於惰性，他會叱責激勵我們，是我們仰慕的寶貴的存在。

亡人活在繼承的信念中。死於獄中的牧口先生儼然活在向世界和平邁進的創價學會的前進隊伍中。

亡人活在繼承的堅信中。戶田先生就活在向苦難挑戰的地涌菩薩的同志們的心中。

我們和牧口先生、戶田先生一起活着，不，一起戰鬥着。

日蓮大聖人曾對年輕的南條時光說過這樣有意思的話：

“時光如果堅持維護佛法，將會遭到身分、地位高的當權者的阻礙，招來大難。但在這樣的時候，時光將會成為真正的維護佛法的信徒，而且時光的亡父也會成佛。”

這些話裏帶着堅強有力的激勵：要經得起任何的迫害，為了正義而奮鬥，這也會使父親能成佛。

我希望大家能記住這段文字，它指出同邪惡的鬥爭是對亡人的最高的供養。

它還指出：“你的父親會來保護你，和你一起鬥爭。”

和亡人共同鬥爭 —— 我們的鬥爭始終是和牧口先生、和戶田先生共同譜寫的樂曲。

❖ 不斷進行 "生命的對話"

現在，靜靜地反思，恩師的 33 周年忌辰，確實有着深刻的意義。從那時起，極惡勢力就已經勾結起來，借助宗門的權威，開始阻礙佛法廣宣流布。

但是，創價學會懷着聖訓所示的 "獅王之心"，嚴厲地迎頭痛擊了這三類強敵。[1] 他們奮起復興佛法，進一步加快成為以人為本的世界宗教。

回想起來，恩師最後的教導就是 "不要放鬆對敵人的打擊"。

另外，"三十三" 這個數字，和觀世音菩薩在《法華經》的普門品中現 "三十三身" [2] 普救眾生的形象也是相通的。

1　三類強敵，釋尊滅後，迫害《法華經》行者的三類敵人：1) 俗眾增上慢（惡聲咒罵，施加刀杖，進行迫害的一般大眾）；2) 道門增上慢（心懷傲慢、詭詐，進行迫害的僧侶）；3) 僭聖增上慢（表面裝作如聖人，實際執着利慾，懷有惡心，鼓動當權者迫害《法華經》行者的人）。

2　三十三身，《法華經》觀世音菩薩普門品第二十五中説，觀世音菩薩為救濟眾生，現三十三化身。

這正是尊貴的學會會員們的形象。他們"櫻梅桃李"[3]、"隨力弘通"[4]，根據各自的處境和立場，自由自在地活躍。我們的同志，走到悲傷、哀嘆、煩惱的人們的身邊，救助他們，這就是實踐。

在東京牧口紀念會館所在的八王子，據說過去有"八王子千名下級武士"，為了保衛江戶，他們一面耕種分給自己的農地，一面為一旦有事時做好準備。

據史實記載，在武州八王子千人長的領轄下，有下級武士約百人，於寬政十一年（1799年）要求遷居北海道屯田，第二年遷入了屯墾地。結果考慮到白糠是警衛要地，適宜農耕，而且氣候溫和，於是選中了那裏。由50人擔當開墾和農耕。

由於有這一段歷史，八王子市和白糠町至今仍在進行友好交流。

無數的同志站在弘揚佛法的最前線，兢兢業業地履行自己的職責，一旦有事時則挺身而出，與師同心，進行戰鬥——這樣的同志是學會的驕傲，一定會受牧口、戶田兩位先生真心的讚賞。

3　櫻梅桃李，日蓮大聖人在〈御義口傳〉的"無量義經六個大事"中説："不改櫻梅桃李之各自當體，只開見無作三身，是即'量'之意義。"就是説，通過對妙法的信仰，可以使發自生命內在深處的個性發揚光大。

4　隨力弘通，為了根據各人的力量來化導眾生，要弘揚佛法。

不論是在順境還是逆境，我的耳邊總是迴響着戶田先生的獅子吼。

由於不斷地進行"生命的對話"，所以才有今天。

在舉辦戶田先生 33 周年忌辰法事之際，我送給青年部代表兩首和歌。

恩師逝去

33 周年忌辰

舉辦大法事

切勿忘記

身為弟子的驕傲

大法事

響起一片呼聲

"要復仇"

片刻也不能忘記

這是你們的使命

與戈爾巴喬夫總統會晤

一個美好的晴天，車子朝着克里姆林宮開去。

那天是 1990 年 7 月 27 日，星期五。

預定從上午 10 點半開始與戈爾巴喬夫總統會晤。

莫斯科在這一時期一天之內有四季之分。

這也許是由於位於內陸的緣故吧。

早晨清爽宜人，細細微風帶來了春光。隨着太陽升起，炎熱漸增，莫斯科河河面上閃耀着夏日的陽光。到了傍晚，涼爽的秋風輕拂着大街小巷，日落後的夜半時分，冬日的寒冷降臨。

車子在上午柔和的陽光中行駛。穿過有衛兵站崗的克里姆林宮宮牆，抵達舉行最高幹部會議的會館。在門廊上下了車，登上台階，就是一道俄羅斯建築物所特有的堅實厚重的巨大木門。

穿過木門，乘上電梯。

禮賓司司長在頂層 5 樓等候着我們。

長長的走廊上擺放着陳列櫃，櫃裏陳列各國贈送的陶瓷器等禮品。

經過休息室，從一扇巨大白門走進會見室。這個房間很簡樸。

走到房間的中間時，戈爾巴喬夫從對面的那扇門裏走出來。

"早上好！"我伸出手，打招呼。

"見到您很高興！"

"我也是！"

事先聯繫，説會見的時間是 1 小時 30 分。與總統會見的時間，一般都是事先規定為 10 分鐘、15 分鐘、30 分鐘。據説還有延續到 45 分鐘和 1 個小時的。最長為 1 小時 30 分鐘。

另外，我方雖然也帶了翻譯，但作為國家元首的慣例，規定要用對方的翻譯。

我一開口就説："今天我是和總統'吵架'來的！"

意思是：要和總統進行富有成果的大辯論。

總統的翻譯維克多・吉姆先生很練達，後來總統來日時，他也曾隨行。當時他好像有些困惑。為甚麼突然説要吵架呢？所以翻譯不了，稍微停頓了一下，這也是理所當然的。

這時，在創價大學畢業的翻譯齊藤惠久子君笑嘻嘻地巧妙説明了這句話的意思。周圍響起了一片笑聲。

我繼續説：

"為了人類，為了我們兩個國家，讓我們火花四射，一切都坦率地交談吧。"

總統白晳的臉上一下子泛起了紅潮。立即這麼說道：

"池田會長的活動我完全了解，但沒想到是這樣一個'熱情'的人。我也喜歡坦率的對話。"

當即哄堂大笑。

他極其機敏，腦子反應快。而且，如大家所說的那樣富有幽默感。

"我感覺到和池田會長真的像老朋友一樣。以前早就互相了解，今天才直接見面，為初次見面而高興 —— 我正是這樣的心情。"

屋子的正中間，放着厚重的白色橢圓的大桌子。我們首次交談就心意相通了，面對面地在椅子上坐下來。

總統方面參加會議人員有總統會議的成員、作家艾特托馬夫先生、莫斯科大學校長羅古諾夫先生、國家教育委員會委員長耶戈金先生、總統輔佐官切爾涅葉夫先生、黨中央委員會國際部第一副部長布爾騰支先生、新聞通訊社評論員特納葉夫先生。

❖ 立足現實　追求應有的理想

這次是我第五次訪俄。

在此以前，我與柯西金總理（1974 年 9 月、1975 年 5 月）、吉洪諾夫總理（1981 年 5 月）、雷日科夫總理（1987 年 5 月）三代首腦進行過對話。

與雷日科夫總理會面時，已經進入了戈爾巴喬夫總書記時代。我抵達莫斯科時，不巧總書記出發到羅馬尼亞正式訪問去了。不過他特地託總理向我鄭重地問好。

我離開莫斯科之前，黨中央方面詢問我，從巴黎回國途中，能否再路過一次莫斯科。原因是希望準備和總書記會見。但我的日程已經無法調整。

我不是政治家，也不是經濟人，只是一介民間人士。我想，正因為如此，才可以不受國際政治的干擾和利害關係的束縛，毫無顧忌地進行對話。才可以立足於真實的現實，大膽地追求應有的理想。更重要的是，我與創價學會一千萬會員心靈相通。我是平民的代表，這是我的驕傲，也許可以說是我的強項。

我一就座就首先說道：

"我站在一個民間人士的立場上，為了全世界等待總統發言的人們，也為了後世，今天我要作一個學生，來聆聽您的各種高見。"

總統攤開雙臂，滿面笑容地說：

"還沒向客人致歡迎詞，反叫客人搶先了。"

他使勁地向前探出身子，繼續說道："怎麼說是'學生'，這是哪裏的話？池田會長宣揚人道主義價值觀和理想，為人類做出了莫大的貢獻……對於我來說，會長的理念是非常親切的。對於會長的哲學的一面，我寄予了深深的關注。自由經濟改革的'新思維'[5]也是池田會長哲學之樹上的一個分支。"

關於我姑且不談。如果用一句話來概括總統，那就是——他是個"擅長談話的人"、"懂得談話的人"、"精通談話的人"。

他登上國際政治舞台的時候，英國的戴卓爾首相評價他"是可以一起共事的人"。確實是如此。

當時蘇聯正進一步推動信息公開，歌頌"新思維"。

總統企圖拋棄僵硬的意識形態一邊倒，要給東西方冷戰打開一個透氣孔。他的令人震驚的一舉一動，都引起全世界的注目。

我和在座的艾特馬托夫先生早已銳意開始了出版對談集的工作。

5　編者註："新思維"是戈爾巴喬夫在任期間在政治、經濟等領域提出的一系列改革思想。這種思潮在蘇聯崩潰中所起的作用外界褒貶不一。此處僅代表作者觀點。

莫斯科大學的羅古諾夫校長帶着有些緊張的表情參加了會見。總統是該大學的畢業生。

我和校長出版過題名為《第三條虹橋》的對談集。儘管體制和宗教觀有所不同，但在和平和教育方面，還能站在同樣是人的立場上，展望人類未來。莫斯科大學和創價大學一直在誠心誠意地不斷進行教育交流。

和耶戈金主席，上次他在擔當高等、中等專門教育部長時就進行過會談。

和新聞通訊社的評論員特納葉夫先生，自我第一次訪問莫斯科以來就已成為老相識了。

這些友人以及其他許多人士，對我的思想和行動都有所認識，都仔細察看了我認真地推進文化、教育交流的過程。我認為，他們能理解我對俄羅斯的真摯、友好的熱情。他們對我懷着人道主義奔走於世界的信念，也產生了共鳴，並給予了信賴。

從這些友人那裏，多次給我傳來這樣的聲音：一定要會見戈爾巴喬夫總統。你們兩人追求的目標很多都是一致的。

另一方面，聽說他們也經常對總統建議：希望總統務必會見我，這樣在精神、哲學方面會受益良多。

重要的是，我們兩個人都是希望改變時代和社會命運的人，彼此對對方都極其關注。

由於有這樣的經過，所以在第五次訪俄時，把與戈爾巴喬夫的會談作為前提，排定了日程。對方傳來意見說，最後的會見定於 7 月 27 日。接到這樣的聯絡，我 25 日從日本出發赴俄。

❖ 新思維的歷史意義

我想，人作為人，甚麼是最重要的呢 —— 戈爾巴喬夫總統的設想可以說就是從這裏產生的。他一面着手新思維這一具有人類歷史意義的實驗，推進改革，同時極力保持這樣的姿態。

怎樣忠實於人的良心吶喊而活下去，怎樣回應內心發出的正義聲音而採取行動。我理解這樣的心情，不禁說道：

"我也是新思維的支持者。它和我的思考有很多的共同點。而且有共同點是理所當然的。因為我和總統都關注'人'。人就是人。是有共同點的。"

總統頻頻地點頭。

"您年輕，很有朝氣。"我這麼一說，總統端正的臉上綻開了笑顏。

"您誇獎我'年輕'，我很高興。因為搞一年新思維，人就會老五年。"

總統繼續高談闊論："對會長的智慧和社會活動，我給予很高的評價。其理由之一，是因為在各種活動中，都必定包含着精神的一面。我們現在正準備往'政治'裏面一步一步地添加進道德、倫理的精神。這是很困難的。不過我認為，如果能成功，就能獲得很大的成果。"

在牢固的東方政治世界裏，要強調精神的要素，這本身是我過去不曾想像過的。

要相信人的善性，始終堅持人道主義。而且把重點放在精神價值上……在力爭實現這些志向上，總統和我有着共同的立足點。

總統的發言滔滔不絕。

"新的事物，最初往往被人看作是荒唐無聊。"

"改革者最初總是少數派。所以一旦被看作是新的萌芽、新的志向，立即說'不像話'加以否定，這是錯誤的。"

我完全贊同。這正是我想說的。

我們的運動就是遭到責難和誹謗，但仍然推動了宗教復興的前進。從這段歷史來看，也可以像對待我們自己的事情那樣，體諒總統的心境。

總統挺起胸膛，鏗鏘有力地說：

"提倡'構築沒有核的世界'、'用對話取代暴力'的時候，許多人都嘲笑這是'烏托邦'。但是，請看吧。現在就要成為現實了。"

總統充滿自信，神采奕奕。

據説以前以幹練著稱的外交部長葛羅米柯曾經驚嘆地説："戈爾巴喬夫有着一副鐵齒銅牙。"對於政敵的指責，總統總是根據準確的歷史分析和時代認識，雄辯地加以一一駁斥。

在座的艾特馬托夫先生曾經於 1986 年 10 月在自己家鄉吉爾吉斯共和國的伊賽克湖畔召開了一個論壇。世界各地有許多先覺者參加了論壇。其中不少人是我的老朋友。

參加那次論壇的人們以文化和藝術為題，在克里姆林宮與戈爾巴喬夫總書記（當時）進行了會談。在溫和氣氛中，討論了"人道的社會主義"。

總書記在會上説了一些使當時的人們大吃一驚的話。

例如説了"人類利益"高於"階級利益"的"新思維"。

據説總書記兩旁的黨內人士都不理解他那次發言的真實含義。

總統的談話是根據新思維產生的經過，直接觸及問題的核心。

"池田會長，下面我要談的是最重要的部分。"總統臉上的表情顯得緊張嚴肅，聲音堅強有力。他説："我之所以能到達今天，完全是因為我的周圍有有才幹的知識分子。其中一部分人也出席了今天的會談。"

"由於和這些人的同盟和團結，才有今天的成果。這可以說是‘政治’和‘文化’的同盟。”

從這時開始，討論更加熱烈。

即使看一個人，也可看到作為政治家的一面和作為文化人的一面。這種相互影響的“政治”和“文化”的結盟，一定能發揮出蘊藏在人內部的力量，彼此互相提高 —— 我們兩人在這一點上也達成了一致意見。

❖ 歷史上最初的蘇聯最高領導人訪日

被人們稱為“新思維的設計者”的雅哥布烈夫博士，日後在與我的對談（1996 年 4 月）中，就“政治”、“經濟”、“文化”引用身邊事例說過以下的話：

“縱觀人類歷史，許多政治家都不願擁有一顆‘感謝之心’。為甚麼呢？因為他們的行動沒有‘文化’。為甚麼沒有‘文化’呢？那是因為政治家一旦登上權力的寶座，就要謾罵前任、傷害其權威，這樣才會獲得好評。這不是指政治這樣低層次上的文化，而是說更高層次的文化是存在的。”

正因為如此，所以重要的是，通過進一步提高文化品質，來提高人、提高政治。

我在和總統的會見中，曾說過政治家必須要有哲學、具有詩心，就是這個原因。

談話十分熱烈，令人感到時間好像停止了似的。

"新思維首要的一點，就是要給予'自由'。不過，怎樣使用這種自由，乃是今後的話題……新思維正進入決定性的階段。現在不僅是蘇聯，而且是在進行世界歷史的變革時期。"

總統和藹可親地表達了他對這種自由的百家爭鳴的態度：

"在國政方面，最高會議現在也已經變成'劇場'了。"

他是說，現在大家想說甚麼就說甚麼了。

這時，耶戈金主席插話說："有許多演員呢！"說罷大笑起來。

總統立即回應說："比任何電視劇都要受歡迎。"

大家哄堂大笑。可以令人想像到當時會見的氣氛。

這種"自由"還進一步使時代發生激烈的變化。

現在才感到。人的心具有多麼巨大的力量。所有的歷史劇都是從心的變革開始的。

在會見的時候，有一個懸案需要我解決。原因是總統能否實現訪日當時正處於非常微妙的狀態。在我會見總統的兩天前，他們和日本國會代表團的談判以失敗告終，訪日一度擱淺。

會見中談及蘇聯和日本的鄰國關係時，我把話鋒一轉説：“總統和賴莎夫人的羅曼史幾乎人盡皆知呀！”

“我都快忘記了。”總統停頓了一下説：“莫斯科大學的校長羅古諾夫先生就在這裏。我們的羅曼史是在莫斯科大學學生時代的事。在校長面前説這樣的事……”

在座的人都笑了起來。校長高興得身子縮成一團。

我接着説：

“蜜月旅行去哪裏了呢？為甚麼沒來日本呀？”

總統立即回答説：

“第一個問題，我訪日時再回答。第二個問題，我隨時都可以回答。我非常想去日本。我想我的願望會實現的。”

我説：“請和賴莎夫人兩人一起，在美麗的季節——‘櫻花爛漫’的春天，或‘遍山紅葉’的秋天來日本。”

我向總統傳達了我非常盼望他訪日的心情，他説：

“迄今為止，我和日本人進行的大多是千篇一律的對話。總之，如果雙方都開始採取互相協調的步伐，在這樣的過程中，問題會獲得解決的。總是談‘前提條件’、‘最後通牒’甚麼的，那是不行的。”

我再一次説“訪日，現在是時候了”。總統乾脆俐落地表明：

“訪日，絕對要付諸實踐。不和日本對話，是不正常的……可能的話，我想春天訪日。”

總統就這樣公開表明了歷史上蘇聯最高領導人首次訪日。

這條消息被當作打開日俄關係的開端，當晚 7 點的 NHK 新聞以及各家報紙都做了報導。

當地的《真理報》也用一版的篇幅，報導了"總統表明訪日"。

❖ 談笑風生、熱情洋溢的對話

會見確實是談笑風生。氛圍令人感到談多長時間也談不完。

但是我決定就此打住。會見已經遠遠超過一個小時了。

我說："您是世界最忙的人，如果把世界一分為二，您就是一方的領導人。我是一介民間人士，還要抓住您不放，那是世界的損失。我就此告辭……"

我正要離席告辭。艾特馬托夫先生突然站起來制止我。他滿面笑容，環視了一下在座的人們，說：

"今天真是太好了。兩位偉大的哲人的對話，終於在這裏實現了。果然如我所料，是一場精彩的對話。"

戈爾巴喬夫總統把眼鏡拿回到手裏，微笑着仰視艾特馬托夫先生。

我說了謝辭，總統笑容滿面地送我們出來。跟翻譯齊藤小姐說了些甚麼。據說總統親切地明確地說：

"一定去日本。"

談談以後的情況。大約一個月之後的 8 月，艾特馬托夫先生來到日本，我們進行了會談。他談了上次會見後和總統的談話，所以我想如實地記下來。

—— 其實那天大家都離開房間之後，我和總統兩個人還作了懇談。總統離下個活動安排還有一些時間，大約 15 ～ 20 分鐘吧。

總統問我說："剛才我見到的那個人是個甚麼樣的人？"我回答說："那個人是詩人。"總統點點頭說："確實是一個優秀詩人。"我又說："還是個哲學家。"總統說："確實是一個哲學家。"

後來又有了和總統見面的機會。總統很懷念地想起那次會見說："見到了新型的人物。"

總統對和先生的會見感到高興，十分滿意，說："世界上還是有可以信賴的人的。"

現在想起來，第一次會見的時候就已經談到、預見到後來的風浪和動盪。

總統已經來到無法回轉的地點。不，他是把自己置於無法回轉的地步，把蘇聯這個國家和世界拉到了一起。

❖ 劃世紀的不朽業績

第二年 4 月總統如約訪日，我們在東京・元赤坂迎賓館再次見面。包括這次會見以及以後和戈爾巴喬夫夫婦的交流歷史，我想留待另外的機會再談。

以後不久我們兩人出版了對談集《二十世紀的精神教訓》。

1997 年 11 月 20 日，我們在映照着紅葉的大阪交野關西創價學園迎來了戈爾巴喬夫夫婦。

當時作為教育家的賴莎夫人，懇切地對學園的學生說過這樣的話：

"人生會受到各種打擊，心靈的創傷難以治癒。並不是所有的夢想都會實現。

但是總會有'可以完成的某種目的'或'可以實現的夢想'。

所以，所謂最後勝利的人，是那些即使跌倒了也會站起來，再繼續前進的人。

能否堅持這樣的鬥爭，完全取決於你的'心'。"

遺憾的是，賴莎夫人因身患急性白血病於 1999 年 9 月 20 日去世了。

但是，他們夫婦的人本主義哲學，已深深地銘刻在肩負 21 世紀重任的年輕領導人的心中，為他們所繼承。

柏林牆倒塌已經 10 周年。

在紀念儀式上，戈爾巴喬夫先生向全世界顯示了自己的健在。

他那具有劃世紀意義的業績是不朽的。

前些時候，他從莫斯科捎來話說：

"還想和池田先生為人類做一些新的工作。"

首次訪問韓國

　　無窮花盛開的美麗朝氣蓬勃的國家 ——

　　以前曾給日本傳來佛教和文字的有着文化大恩的國家，最近的鄰國 —— 韓國。

　　我從成田機場出發，飛往漢城（現為首爾）。傍晚大韓航空班機抵達金浦國際機場。

　　1990 年 9 月 21 日下午 4 點多，我首次訪問韓國。

　　在機場開往下榻賓館的車中，看到了漢江。漢江是一條寬闊的悠久的大江，水量豐滿。

　　天高雲淡。秋天據說是最美的季節。雖說是 9 月下旬，仍然暖意洋洋。

　　不到一個小時，就到了位於高崗上的下榻賓館。說是下榻的地方，第二天就要離開。

　　此行的目的，是出席東京富士美術館館藏的"西方繪畫名作展"開幕式。

　　在《中央日報》社的湖岩畫廊舉辦的儀式一結束，我就直接踏上了歸途。當天夜裏，在福岡機場降落。

　　前一天的下午，從日本出發，第二天下午回國。確實是一天非常緊張的日程。

最初預定的日程是 2 天 3 宿。但是韓國有十幾年未見的大型颱風來襲，漢江泛濫。水災也很嚴重。颱風也光顧了日本。

不得已晚出發了一天，因而就成了名副其實的急行軍。但是我還是感慨頗深。

我一直期待着這一天的到來。希望能對韓國和日本的文化交流盡綿薄之力。這是我年輕時候的誓言。不，也是我少年時期的決心。

從成田飛到漢城，是兩個小時多一點。起飛不久就可以看到富士山的雄姿。驀然間我彷彿聽到了恩師戶田城聖先生（創價學會第二任會長）在吶喊："堪為旗手的年輕人，你在何方，富士山的頂峰，你還不知道吧"。無論是在國內，還是訪問世界各地，我和恩師總是在一起。

❖ 在恩師身邊度過秋霜烈日的日子

想起了 40 年前傳來令人痛心的朝鮮戰亂的消息時，我正在恩師身邊度過那些艱苦奮鬥的日日夜夜。

當時，戶田先生的事業陷入了困境，人們紛紛離他而去。過着如同秋霜烈日般的日子。我 22 歲，一步也未後退，堅決守護着孤軍奮戰的恩師。

就在這樣艱苦奮鬥的時刻，聽到了朝鮮半島爆發了戰亂的消息。

在日本戰敗恢復獨立之後，又發生了這樣的悲劇。國土以北緯 38 度線為界，分裂為南北兩方。北方成立了朝鮮民主主義人民共和國（朝鮮），南方成立了大韓民國（韓國），對立激化，終於在 1950 年 6 月 25 日發生了戰亂。

這天我在日記中這樣寫道：

"戰火終於燃起。擔心會成為世界大戰的導火線。世界時時刻刻都在變動。

地球已經如同小小的戰場和劇場。人類又要再次捲入悲傷、痛苦、寂寞和苦惱的漩渦。"

兩天後的日記中又這樣寫道：

"世界的形勢孕育着危機。終於要到來了嗎？人們要有決戰的思想準備。

希望和平。絕對不能讓戰火擴大。我們的覺悟有如泰山。"

這是我年輕的思想的真實寫照，如實地表達了當時的迫切心情。

那年 8 月，戶田先生的公司決定停止業務。先生決定辭去學會理事長的職務。

戰亂的事態日益嚴重。國土南北方加起來還沒有日本的本州大，在這樣狹小的國土上，竟有 17 個國家的軍隊參加了戰鬥，死傷無數。如果包括沒有直接參加戰鬥又是支援的國家，與戰爭有關的國家竟達到二十幾個。

　　1951 年 5 月，正當戰火日益激烈的時候，戶田先生發表了自己的感想：

　　"姑且不談戰爭的勝敗和政策、思想的是非。我們會哀嘆，有多少民眾因這場戰爭而失去丈夫與妻子離散，尋找孩子和父母啊！"

　　"有許多年輕人，不知道自己為甚麼要死而死去了。一定有許多老婆婆喊着'我甚麼壞事都沒做過'，而被殺了吧。"

　　先生的目光總是投向悲傷痛苦的民眾。對自己總是置之度外。

　　就任第二任會長的儀式 (1951 年 5 月) 上，在男子部成立儀式上 (1951 年 7 月)，先生都祈求佛法之光能照耀到在戰亂中呻吟的鄰國和亞洲各國。

　　先生把"地球民族主義"[6]作為信念，站在日本的狹隘的國家主義和國家利己主義的對立面，注視着人類的未來。

6　地球民族主義，1952 年 2 月，創價學會第二任會長戶田城聖，在"第一次男女合同青年部研究發表會"上説："如就我自身的思想來説……歸根結底是地球民族主義。"

現在，SGI（國際創價學會）發展到亞洲各國自不用說，而且遍及到世界 180 個國家和地區。

尤其是韓國 SGI 的會員，他們一直在進行為社會作貢獻的活動，成為了世界的模範。

韓國人從那次戰亂的廢墟上重新站起來，取得了經濟的發展，被人們稱為"漢江奇蹟"。對於這樣美好的復興和新生，我的恩師該是多麼高興啊。

❖ 引起巨大反響的大河小說《太白山脈》

《太白山脈》是一部結構宏大的描寫韓國近現代史的敍事史詩。它的全十卷日譯本，現在正在出版，引起了廣泛的反響。

聽說在韓國它是發行超過五百萬冊的暢銷書，是學生、青少年的必讀書。

作者趙廷來先生曾獲得現代文學獎、大韓民國文學獎、小說文學作品獎等獎項，是代表韓國的國民作家。

1999 年秋天，為紀念日語版的出版，趙先生送給我一本有他簽名的《太白山脈》。

日本殘暴的侵略，給朝鮮半島的人們留下了多麼深刻的傷痕啊！

同一個民族為甚麼產生分裂的悲劇呢？

作者懷着對平民的無限熱愛，反對政治勢力的橫暴——《太白山脈》就是這樣一部充滿着作者凜然之氣的傑作。

我懷着感謝的心情，在我的攝影集中寫下一句韓國成語"錦心繡口"，送給趙先生。

"錦心"是指卓越的構思，"繡口"是指美好的表達。

趙先生很快就給我寄來一封懇摯的感謝信，令我很過意不去。趙先生作為對我送給他攝影詩集的感想，在信中說它是"肯定性的詩"。

趙先生自己就是這樣一個人：他一貫以"肯定性"的目光，深刻地、慈藹地關注活在動蕩世紀中的民眾。

踏上首都漢城的土地，只見現代化的高樓大廈鱗次櫛比，是優美傳統與現代化相融合充滿活力的市街。我實際上感受到了"諺文（韓國文字）的大海"。

對於初次訪問韓國的日本人來說，首先，對於滿街都是朝鮮文字諺文，會感到震驚和迷惑。"諺文的大海"就是形容懷有這樣的感受。

從"文字文化"這一層面來看，韓國和日本在接受漢字文化後，分別產生了"諺文"和"假名文字"。

諺文是 15 世紀中葉，李朝第四代國王世宗大王召集學者創造的足以誇耀世界的文字。

關於諺文，中國文學學者竹內好先生曾這樣評論：“用音素符號合成創造的文字，所以，只要一看就會知道發音，這是日語和歐洲語言無法相比的。”“起碼它是世界上最新的最合理的文字之一吧。”

竹內先生還舉例說，假定有外星人來訪問地球，最初能夠理解的文字恐怕就是諺文吧。

過去日本在吞併了韓國之後，曾經企圖廢除這種文字。

日本統治者曾經傲慢不遜地妄圖抹殺這個曾經使用過數百年、屬於人類瑰寶的文字。

1938 年廢除了諺文教育。

從學校教育中廢除了民族語言教育，大力強行推廣常用日語運動。

對於編纂《諺文大辭典》的人們，以違反治安維持法的嫌疑逮捕，進行拷打，使他們慘死獄中。

有一個時期，我的父親被徵入伍當兵，曾在現在的漢城待過。

那是韓日關係歷史上最悲慘、最黑暗的時期。

父親原本是大森海岸邊一個養殖紫菜的漁夫。他平時沉默寡言，但是絕對不會歪曲自己決定的信念。

我想起唸小學時，父親曾教過我韓語。

“NARA 是國家的意思。KERAN 是雞蛋的意思。”

他經常感嘆地說"漢城的夜景是世界第一。是值一百萬美元的夜景。"父親去過的外國只有韓國，可是用'世界第一'來表達，這是因為他極力想把真正的美的印象傳達給孩子。

父親當時就具有人道主義思想，他對日本人對待朝鮮人的蠻橫無理，打內心裏感到憤慨。

父親充滿怒氣的語調，深深地刻印在我的腦海裏，回想起來，可以說，那個時候我已經萌生了對韓國友好的思想。

❖ 精挑細選的"西方繪畫名作展"

"西方繪畫名作展"是由中央日報社、三星美術文化財團、湖岩美術館和東京富士美術館主辦的。

另外還獲得韓國文化部，KBS（韓國放送公社）和日本駐韓大使館的後援。

會場中央日報社大樓，緊靠李朝時代代表性建築物南大門旁邊。南大門是現存的李朝時代最古老的建築物，是在花崗岩堆砌的地基上構築的兩層樓閣。風格宏偉，至今仍在傳播王朝的榮華。

畫展的開幕式是在這個大樓裏面的湖岩畫廊舉行的。

展覽會在這個會場展示了一個月，之後又在京畿道龍仁郡的湖岩美術館展示了一個月。

剪綵是由我和三星美術文化財團理事長申鉉碻、文化部長官李御寧、中央日報社代理理事金東益、國立現代美術館館長李慶成、國立中央博物館館長韓炳三、翰林大學教授金元龍、日本駐韓國大使柳健一、前大法院院長閔復基、三星美術文化財團顧問朱雲化一起進行的。

展出的 74 件作品，是從東京富士美術館的西方繪畫館藏中精挑細選出來的，在海外是首次公開展出。這次畫展綜合介紹了自 15 世紀的意大利文藝復興至 20 世紀的西方繪畫發展史。

如魯本斯的《康斯坦丁的結婚》、戈雅的《加百利的肖像》、米勒的《牧鵝少女》、柯羅的《沉思的少女》、馬奈的《散步》、莫奈的《睡蓮》、雷諾阿的《穿紅衣的年輕女子》等，都是歐洲美的精華。

日蓮大聖人在給勇敢的母與子的一封信中，有這樣一段話：

"《法華經》猶如一艘大船，它能夠裝載許多奇珍異寶、乘坐許多人眾，駛往高麗（當時的朝鮮半島上的國家）。"

裝載許多珍寶，駛往有傳來佛教的大恩之國 —— 正如這部《御書》(指日蓮遺文集 —— 編者註) 所示，我能夠帶着美麗的珍寶，實現報恩的初次訪問，真是感慨萬千。

在去漢城的一個星期前，我在東京信濃町的聖教新聞社會見了三星集團的李健熙會長。

在會見時，我引用了韓國的諺語"路是從第一步開始的"說，我要把這次的"繪畫展"變成今後的文化交流、民眾交流的"第一步"。李會長回答說："開始就已經是成功的一半。"

我談到牧口常三郎先生（創價學會首任會長）、戶田先生的人本主義，還談到了我師從戶田先生的經過。我說：

"'和平'始終是我的原點。"

"'和平'是我的信念。而'文化'是實現和平的武器。"

李會長指出，人有三種人。即 ——

"只為了吃飯而活着的人"，

"為社會作貢獻而活着的人"，

"存在本身就具有價值的人"。

進一步說，這種"存在本身就具有價值的人"，就是超越了國家和民族的框框而存在，是靈魂的光芒普照人類的人。

牧口先生和戶田先生就是這樣的人。

但是，在吞併韓國[7]的日本的狹隘的民族主義、意圖消

7　吞併韓國，日本以軍事力量為後盾，侵入韓國，1910 年簽訂《關於合併韓國的條約》，在漢城設置了朝鮮總督府，一直到日本戰敗，對朝鮮進行殖民統治。

滅猶太民族的納粹思想統治的國家，這種"存在本身就具有價值的人"一直被當作罪人受到鎮壓和迫害。

牧口先生和戶田先生也是因違反治安維持法和不敬罪而遭到逮捕，被關進了監獄。

牧口先生在獄中結束了一生，戶田先生在日本戰敗之前兩年期間，被剝奪了自由。被當作"危害社會的人"受到了鎮壓。

當時的社會把兩人當作國賊加以懲罰，戶田先生在釋放之後，仍然不斷受到淺薄的批判和誹謗。

兩位先生是極其偉大的存在，從那裏噴湧出來的慈悲和智慧之水，恐怕是日本這個小小的容器容納不了而要溢出來的吧！

要理解這種偉大，時代和社會的一般概念和規範太狹隘，太不成熟了。

所以，受到迫害和誹謗，毋寧說是必然的。

但是，包括鄰國在內的全世界，現在已經陸續地出現了真正的理解者。

我在少年時期、青年時期，遇見很多在日本的韓國人和朝鮮人。

他們在日本統治下被迫背井望鄉，在不同文化的國家，經歷種種的迫害和歧視。而且他們的孩子是在日本出生，在日本生活。盡最大力量愛護這些人，才是汲取韓日的歷史教訓、作為日本人應該走的必然的道路。

有一位聰明的女學生，她是創價大學第一屆學生，是在日韓國人。她送給我一張韓國民謠唱片。

我懷着感謝的心情，寫了一首短詩，送給她以表謝意。

夜半幸聽

光芒四射的友人民謠。

對於日本對其祖國迫害的歷史，日本人對其父母同胞的殘酷行為，她一直感到很痛心。

在櫻花飄舞、迎春花盛開的校園，我和這位少女一面談心，一邊在手邊的一張大學照片的背面，揮毫寫下一首短詩送給她。

人間本無國界

不知何時

人為地製造了國界

因此我們不要忘記

要在國界的深層

昇華美好的人類團結

到達這樣的人世

我胸懷眾多人的願望，在首都漢城開始了爭取新的人類團結的對話。

❖ 共享人類珍寶的文化交流

剪綵之後，舉行了紀念招待會。

我做了簡短的致辭：

"貴國是日本文化的大恩人。自古以來，這個'平靜的朝氣蓬勃的國家'的文化光彩，多麼鮮明地、多麼豐富地使日本的黎明發出光輝。我們之所以將館藏的西方繪畫首次在海外公開展出，只是由於想要對貴國報一點恩。"

展出作品中，有一幅印象派代表畫家莫奈的晚年大作《睡蓮》。

圍繞這幅作品，我曾和法國美學家路奈・尤伊古先生交談過感想。我轉述了當時的感想，結束我的致辭說：

"我相信，共享人類珍寶的文化交流，會在靈魂深處引起共鳴，如同新的曙光，擴大清新的生命躍動。"

一定要訪問貴國，是我少年時代就有的夢想。

在這個意義上，今天在諸位先生深厚友誼的氛圍中，刻下了和貴國友好的第一步，對於我來說，是感慨無量的日子。我決定今後也要誠心誠意地進一步為了兩國的'文化之路'盡最大努力。"

那天我首次會見了三星美術文化財團理事長申鉉碻先生。聽說先生除了 1979 年出任過國務總理，還歷任復興長官、保健社會部長官、經濟企劃院長官等要職，為韓國的發展作出了莫大貢獻。

他生於 1920 年。

在多愁善感的青春時代，祖國在殘暴的日本權力的統治下，遭受蹂躪，我想他一定經歷了很多不愉快的事情。

但是在代表歡迎宴主辦方致辭時，竟說出了下面的話：

“文化部門，可以說是表明某個時代的民族和國民的精神聯繫。

但是，我認為，它不單純限於一個民族或國民，和全世界人們的精神都是相通的，而且在互相作用之下，很快會成為整個人類具有人性的行為的新基礎。”

“日本和韓國在地理位置上最近，在歷史上從古代起就有過聯繫，也曾有過文化交流。儘管如此，過去非但沒有充分發揮真正的意願，有時反而產生了誤解。

在這個意義上，我認為這次畫展一定能為兩國的交流作一定的貢獻。並且我認為，不斷進行像這樣的韓日文化交流，不但可以保持兩國的親善，而且對於豐富各自的人生，也是非常重要的。”

我聽着申先生的發言，被他寬大的胸襟和關注韓日未來的話語所打動。

❖ 把友好的細流變成悠久的大河

在此前一天的晚上，友人給我下榻的地方送來了令人難忘的禮物。那是三位在韓國留學的創價大學學生，聽說因為我初次訪問韓國，特意為我準備的。

禮品是韓國的柚子茶、陶瓷茶杯和韓國民謠錄音帶，上面還附帶繫上芒草。

三人都是創大"諺文文化研究會"的成員。

我懷着感謝的心情，品嚐着他們真心送來的柚子茶。我寫了一首短詩，加上他們三人的名字，送給他們作為回禮。

太高興了

品嚐

喜悦的情趣

與諸君共享

漢城的回憶

韓日年輕一代的友誼正茁壯成長，我打內心裏感到有信心。

這次訪問韓國的 24 年前 —— 1966 年。

年初的 1 月 6 日，我出席了在東京台東體育館舉行的高中部的集會。

我講到一位名叫柳寬順的女學生。她為了韓國獨立，對於日本警察的鎮壓拷打，一步也不退讓，在高中時就戰鬥犧牲了。

我希望大家都像這位為了正義而毅然活着的"韓國的聖女貞德"那樣，為了堅持信念而活下去。

來到漢城，看到了這位少女的像，我雙手合十，向她行了禮。

自從她高尚地殉難以來，已經過去70年了。歲月使她人生的光輝越發強烈。

她被殘暴地奪去了人生。但是，她的鮮明強烈的青春，永葆不朽的光輝，不斷給韓國和日本的人們心靈送去勇氣和希望。

為了來日方長的未來一代，把這條友好的細流變成漢江一般悠久的大河，是目睹了20世紀悲劇的我們，對下一代應盡的責任和義務。

真的是一次短暫的旅行。

連去韓國SGI會館説幾句話的時間都沒有。

我在心裏向韓國的同志默唸着"南無妙法蓮華經"，深深地期待着能再次訪問韓國。

從漢城回到福岡，是一個半小時。鄰國實在太近了。

飛過玄界灘上空時，我立下了誓言：

一定要把兩國變成心靈更加接近的國家，

因為那是文化恩人之國、兄長之國……

與正義的基督山伯爵曼德拉先生會晤

那是一幅令人難以忘懷的情景。

它有一種莊嚴的氛圍，與“新千禧年”的開幕很相稱。

舞台是南非的羅賓島。那是開普敦洋面上一個 11 公里大小盡是岩石的小島。過去曾是臭名昭著的監獄島。

2000 年 1 月 1 日午前零時。

昏暗的土牆房間裏，孤零零地點着一支蠟燭。在鐵窗柵欄的對面，黯淡的燭光下，朦朧地浮現出一個人的面影。

這個人就是前總統納爾遜·曼德拉先生。在他那白髮下面的柔和的面容上，潔白的牙齒閃閃發光。20 世紀正義的基督山伯爵在其 27 年的獄中生活中，18 年是在這個羅賓島上度過的。

把新千禧年的開幕刻在何處呢？曼德拉選擇了這個單人牢房，他在這裏度過了漫長的每一天。

他懷着維護 21 世紀人權的祈願，點燃了命名為“自由燈火”的蠟燭。

他身材瘦長，手持蠟燭，走出監獄，高高的個頭，慢慢地向前走去。在這個島上監獄的遺址上，有個身材矮小、但全身充滿精力的人在等着他。這個人就是繼承了曼德拉事業的新總統姆貝基。

曼德拉把蠟燭交給姆貝基。跟他説了兩句話。

"世上有好人。這個火種不會熄滅。"

我深深地感慨，回憶和他們兩人的會面。

❖ 膾炙人口的歌曲"羅利拉拉‧曼德拉"

事情要上溯到 1990 年。

這一年的 2 月 11 日，曼德拉先生終於解放了。

這一年也是創價的基督山伯爵戶田城聖先生（創價學會的二任會長）誕辰 90 周年。我緬懷着恩師，思緒飛到掙脱了鎖鏈的獅子的前途上。

那年的秋天 —— 10 月 31 日，我在東京信濃町的聖教新聞社，接待了作為非洲民族會議（ANC）副主席訪日的曼德拉先生。

先生一到達，從列隊出迎的青年部代表 500 人的隊伍裏面發出的"萬歲！曼德拉"的歡呼聲，猶如潮水一般湧過來。

從車子裏出來的曼德拉先生，滿面笑容，高高舉着右手。到處都灑滿了秋天的陽光。

一進入大門，創價大學的泛非洲友好會的成員用英語高聲唱起了"羅利拉拉・曼德拉"。

羅利拉拉・曼德拉喲

自由已在您手中

給我們指出一條自由的路吧

在這片非洲的大地上

……

啊　曼德拉喲

曼德拉説　現在自由啦

走我們自己的路吧

我們會自由的

在這非洲大地上

我致歡迎詞説：

"我們以滿腔的敬意來歡迎'民眾的英雄'。"

先生微笑着回應説：

"能見到您，很光榮。以前我一直在想，如果能去日本，一定要見到 SGI（國際創價學會）會長池田先生。"

"您在百忙中來到這裏，使我們感到光榮。這證明正義必定勝利。您給世界帶來了勇氣。"

先生的人格溫厚篤實。

會談一開始，他就說出了內心裏對我們 SGI 的看法。認為我們的“團體是創造人類的‘永恆的價值’，並用這種價值把人們團結起來”。因而一直受到人們的關注。

曼德拉先生剛出獄不久，為甚麼對我們的情況了解得很清楚呢 —— 這裏面有個背景。雖然有點長，但我想把它如實地寫下來。

南非詩人穆查理先生謳歌黑人解放的黎明，創作了人權鬥爭的火焰般熱情的詩歌。我在和曼德拉先生會談半年後，也和他會過面。

據說這位穆查理先生於 1985 年受南非教育雜誌《成功〈HIT〉》主編的委託，在雜誌上連續四周連載了我的隨筆。

當時他在非洲人被強制隔離居住的索維托從事學校教育工作。

當時的索維托集中了南非所面臨的堆積如山的問題。在孩子們中間，更是一片混亂，很多學生都陷入暴力、吸毒和不良行為。

面對這樣的現狀，據說穆查理先生看到日本文學家和友人送給他有關我的作品《我這樣想》(英文版《玻璃的孩子們》)，深深地感到了共鳴。

當時我們還沒見面，他對我是 SGI 的領導人以及 SGI 是以佛法為基調的“和平”、“文化”、“教育”的團體，似乎還不知道。

但是，穆查理先生把我給年輕人的贈言，當作"東方哲人"的思想，介紹給青年。

"青春是充滿困苦的時期。但也是洋溢着希望之光的時期。對未來抱有希望，不斷成長的人，是青春之歌的真正的歌手。"

"奪走他們活力的行為，等於是把自己的寶物扔進了大海。"

他一邊引用我以上的話，同時把自己的火一般的熱情和對青少年的期待寄託於隨筆之中。

在青少年自暴自棄的現實中，穆查理先生連載在教育雜誌上的這些言論，引起的反響不斷擴大。據說在獄中的曼德拉先生也看到了這些文章。

曼德拉先生以強韌的精神力量，忍受了令人絕望的孤獨。他反覆思考着從荷蘭人殖民統治到布爾戰爭的南非成立以來的發展過程。

對於這個國家的未來來說，甚麼是它的目標，他一定也是瞭如指掌的。

在昏暗的燈光下，他閱讀了許多書籍，連監獄都被他變成了"曼德拉大學"！

他建立了一個學習組織，讓被囚禁的人們互相教授各自的專業知識和技術，與監獄進行的"破壞精神"和"否定才智"作了針鋒相對的鬥爭。

他的思考必然會歸結到青少年的培養和教育這一急迫問題上。

在這樣的過程中，他和我通過隨筆不期而遇。可以說在我們會面之前就有了共鳴，尤其是在對青少年教育的重要性上，我們有着共同的信念。

在他訪日半年前，ANC 東京辦事處的代表，曾向我徵詢訪問的可能性。

❖ 關於培養接班人的談話

曼德拉先生和我一見面，就幽默地說："我很希望見您一面。既然來到日本，見不到您，我是不會回去的。"他希望把人與人之間謙虛、真誠地進行對話變成"啟發"、"力量"和"希望"的源泉——這種態度使我深受感動。

我跟他說："展望一百年、兩百年之後的未來時，到何處去尋找國家發展的原因呢？原因就是教育。這是我堅信不疑的信念。並為此而行動。"

在會談席上，我提出了五條建議：

第一，進行教育交流。

第二，招聘南非藝術家。

第三，舉辦以"人權"為主題的展覽會。

第四，舉辦"反種族隔離[8]攝影展"。

第五，開辦"人權講座"。

曼德拉先生都一一同意了。

這次提出的具體建議，以後都實現了。其中之一的"爭取人道主義的世紀——現代世界人權展"，也在8個國家30個城市舉辦了。

約定一定要實現。信義絕對要貫徹到底。

正是由於這樣不斷地積累，SGI才獲得了全世界的信賴。

曼德拉先生是一個廣義的人道主義者。事實上，他走過的道路本身，就給人們不屈的勇氣和不滅的希望。

他瞇縫着眼睛，慈祥地注視着日本青年的表情，正是一個大教育家的慈顏。

是愛護青年，培養青年呢，還是相反？

區別所謂的"當權者"和"領導人"，恐怕就是這一點。

會談時，交談的首要問題是"培養接班人"。我不顧失禮，直截了當地問道：

---

8 種族隔離本來是隔離的意思。後來專指南非共和國實行的極端人種歧視政策。通常譯為"人種隔離"。自1911年制定《礦山勞動法》（目的是保護白人勞工）以來，制定了各種人種歧視法規。在社會的各個方面實行白人對非白人的歧視。但在德克勒克總統的領導下，於1993年廢除了全部有關歧視的法規，1994年通過各個人種全部參加的選舉。選出了納爾遜·曼德拉先生為首任總統。

"南非如果只有一個'曼德拉'這樣傑出偉大的人才，其他的人們不能成為優秀的人才來活躍，曼德拉先生的事業恐怕也不能完成吧。"

曼德拉先生在沙發中彎下他修長的身軀，靜靜地側耳傾聽着我的談話。我繼續說道：

"這就如同一棵大樹不能成為森林。其他許多樹木長到同樣的高度，才能形成茂密的大森林。"

那時曼德拉先生 72 歲。

越是具有歷史意義的運動，領導人越要念念不忘的就是運動的連續性。

肩負能否前進重任的領導人，要傾注全部身心來培養堪託後事的人才。

曼德拉先生帶着洞察一切的神情，深深地點着頭。

我向這位偉大的人生的老前輩，獻上了一首詩——《人道的旗幟　正義的道路》。

會見的那天晚上，非洲各國駐日大使舉辦了一次曼德拉先生歡送會。後來尼日利亞駐日大使多龔·雅洛先生向我傳達了曼德拉先生在歡送會上的講話。

據說，有人問曼德拉先生"訪日的印象"時，他這麼說：

"在日期間，最高興的是見到了 SGI 會長池田先生。而且，當時還受到年輕學生們的親切歡迎，甚至還為我唱了歌。"

"我在 27 年期間，一直以囚禁之身進行了鬥爭。但我認為：'我的努力，現在得到報償了'。SGI 會長和 SGI 的各位人士對我們的真心支援，使我非常感動。"

姑且不談我的事。但和他一起名留青史的對青年的讚揚，我還是希望一字不漏地寫下來。

第二天，曼德拉先生結束了短暫的逗留，從成田出發回國。據說，他對前來送行的各國大使也說，和我們的會見是他"訪日最大的紀念"。

❖ "宗教"的使命是為人類服務

又過了 5 年，曼德拉先生通過自由選舉，就任總統，宣告了南非自由黎明的到來。1995 年 7 月，曼德拉先生作為國賓，再次來到日本。

我到東京元赤坂的迎賓館去拜訪他。

在此期間，1993 年 12 月，曼德拉先生與和我也曾會過面的德克勒克總統 (當時) 一起獲得了"諾貝爾和平獎"。

曼德拉總統席不暇暖，四處奔走。我擔心他的身體，"一直為這位世界'正義的基督山伯爵'的健康作祈禱"。

會見一開始，曼德拉總統就這麼說道：

"我一直期待着和您見面。5 年前和您會見的情景，至今還記得清清楚楚。那次熱情的歡迎，創價大學的學生們也熱情地歡迎了我……都使我難以忘懷。”

“特別是女學生的樣子，給我留下深刻的印象。西方的報導給人的印象，好像是亞洲大學都是以男學生為中心。”他的語氣確實具有實際的感受。

總統還提到宗教在南非所起的作用。

“過去給我們提供受教育機會的，不是政府，而是宗教機構。並且很多宗教人士都站在反種族隔離運動的最前線上，進行過鬥爭。他們在社會上提高了對黑人的尊敬。”

先生的表情忽然在一瞬間略過一種懷念之情。視線好像看着遙遠的過去。他說：

“我們在獄中的時候，幫助我們成立犯人合唱團和學習會，組織聖誕節的表演節目，給監獄帶來歡樂的，也是他們宗教人士。”

話語雖短，但語氣沉甸甸地使人感覺到一萬天鐵窗生活的沉重。

宗教的使命是為人類服務。為了宗教的權威，而讓人跪倒在地，可以說這是本末倒置。

所以，為了維護人權，宗教人士不惜殉教也要起來鬥爭。我說到這樣的真心話，總統立即明白了我的意思，微微地笑了。

我還舉出總統出身地的諺語“善於忍耐的人，不會有不幸"，讚賞他如同這句諺語一樣，進行了偉大的鬥爭。

另外，我已收到總統擔任校長的北方大學的通知，說他們已決定授予我名譽教育學博士的學位。我向總統表示了衷心的謝意。

會談最後，總統說：

"這段時間過得十分溫馨。非常感謝。希望 SGI 會長進一步發揮強大的影響力。"

在這次會談的席上，我祝願南非不斷發展，再次回到了接班人的問題。

"傑出的領導人還在掌權期間，還好辦。問題是在那之後。全世界都在關注這個問題。"

"5 年前也談到過這個問題。"曼德拉總統帶着他那富有魅力的微笑回答了我。這畢竟是個極其重大的課題吧。他緊繃着嘴唇，充滿確信地明確地說道："噢，接班人嘛，已經有了。"

總統心目中的接班人已經有了。

他就是姆貝基先生。

❖ 和"心目中的接班人"姆貝基先生的會晤

1998 年 4 月，我在《聖教新聞》社迎來了作為副總統訪日的姆貝基先生。

在 8 年前和曼德拉先生會談的同一個會議室的同樣座位上。

他確實是鋼筋鐵骨的鬥士。

副總統的父親是和曼德拉先生一起在獄中堅持 23 年鬥爭的盟友。

繼父親精神的偉大鬥爭之後，姆貝基先生也熬過了 28 年的流亡生活。

他頭腦敏捷。

我稱讚他那積極從事社會活動的姆貝基夫人說："一個偉大的男人後面，必定會有個偉大的女人。"他立即機敏地回應說：

"不是在'後面'，她是在我'前面'。"

我還轉述了曼德拉總統對姆貝基的評價。

"姆貝基是我國事實上的總統。我把所有工作都推到他身上。他具有罕見的質素。對他人非常尊敬，很熱情。並且對民眾的疾苦非常敏感。"

從曼德拉先生的話中，可以感受到無比的敬愛。

這時，姆貝基先生當即回應說：

"哪裏哪裏。總統之所以這樣表揚我，是有原因的。其實，總統跟我借過錢，他不想還了，所以吹捧我。"

會談席上，爆發出一陣大笑。這是以兩人的絕對信賴為前提的幽默。

當時不禁使我再次想起了曼德拉先生在回答我的提問時說"噢，接班人嘛，已經有了"。他的語氣是那樣肯定無疑。

果然不出所料。在這次會談的一年後，姆貝基先生被指定為接班人，經過選舉，就任了總統。

姆貝基先生提倡"非洲復興"。因此，他帶着強而有力的語氣向我說：

"非洲的人民都面臨着各種各樣的問題。必須要向這些問題挑戰。"

"在向這些課題進行挑戰的時候，作為我們來說，都有着'日本和日本人民都是我們的朋友'的感覺。這次確認了這一點。尤其是來到你們這裏，我們更強烈地'實際感受'到了這一點。"

我跟他說：

"過去最受壓迫的人們，才會最後取得勝利和最偉大的幸福的權利。相反，欺凌人的一方，如同夕陽一樣，很快就會沉落下去。這是歷史的鐵的規則。"

日本要首先理解非洲。向非洲學習。由相互理解來培育相互信賴。

我從 40 年前就主張"21 世紀是非洲的世紀"，一直擴大和非洲的交流。

非洲大陸確實是至今還仍為內戰和大批難民、飢餓和疾病等 20 世紀的世界遺留下來的可以稱之為"負面的遺產"而苦惱。

但是，在這樣的情況下，姆貝基總統 2000 年的新年致辭卻堅定地散發鮮明強烈的光輝。

"21 世紀是非洲的世紀。必須推進非洲復興，把新的世紀變成希望的世紀。……我們經歷過去的世紀，過去的千禧年的各種悲劇，所以，現在還要尋求閃耀的星星。"

我衷心送上團結友好的喝彩。

❖ 寄託於 21 世紀的"自由的火炬"

新年伊始，曼德拉先生就在聯合國安理會上發表講話。他的形象更加顯得突出，迎來了新的千禧年。在發表講話之前，美國駐聯合國大使霍爾布爾克先生這樣介紹稱讚將要登台的曼德拉先生：

"歷史將要把您置於和甘地、馬丁路德‧金同等的地位。"

說到聖雄甘地，有一段小小的插曲。

據說甘地生前有人問他希望活到多大年紀，他帶着和藹可親的微笑說：

"希望活到 125 歲。因為要把我想做的事情全部做完，需要 125 年。"

這段插曲是我也會過面的甘地的孫子阿隆先生（甘地非暴力研究所所長）介紹的（鹽田純著《繼承甘地》，NHK 出版社）。

另外，1994 年是甘地誕辰 125 周年。為了紀念這個誕辰出版的 ICCR（印度文化關係評議會）的學術雜誌《印度·地平線》的特刊上，刊載了曼德拉總統和我撰寫的稿子。令人懷念的是，我們再次會見時，這一點也成了話題，兩人一起緬懷了甘地。

"要活到 125 歲"—— 如同甘地所說的那樣，我祈願人類的瑰寶曼德拉先生健康長壽，守護"非洲的世紀"的榮光。

在東方的古典中，用"薪火相傳，不知其盡"表達精神繼承的永久性。

曼德拉先生在獄中捱過了一萬天，寄託於 21 世紀的"自由的火炬"，絕對不會燃盡熄滅的。

創價學會首任會長牧口常三郎先生和第二任會長戶田城聖先生在獄中點燃的"人間革命的火炬"，也會通過由師匠傳給弟子的雄偉的繼承大劇，走向新的世紀，越發增添其光輝。

翻譯是文化交流的生命線

與周恩來總理會見的時候，擔任翻譯的是林麗韞女士。

關於翻譯的經驗體會，據説周總理曾向林女士提過這樣的建議。

"要更加博學，知識要更加豐富。翻譯不單是傳達'語言'，還必須要傳達'心'。

因此，必須要好好地理解對話的人所説的話。"

我完全有同感。

就我來説，由於翻譯人員傳達了我的心，對方也打開了心，所以在全世界建立了友誼和信賴的網絡。

翻譯確實是文化交流的生命線，是人類交往的核心。

—— 車子行駛在夜幕降臨的北京大街上。車子的頭燈照亮了漆黑的夜色。

1974 年 12 月 5 日，我結束了第二次訪華，第二天就要回國了。那天晚上，為了感謝關照過我們的人們，我們在北京市內的國際俱樂部舉辦了答謝宴會，臨散會前，通知我與周恩來總理預定的會見。

❖ 與周總理的會見

同一天上午，與鄧小平副總理（當時）見面時，副總理跟我們談了周恩來總理的近況說：

"這七八個月一直在住院。病情比我們想像的更嚴重。……我們把他置於'管制下'，盡量不讓他工作。"

病情令人擔憂，口吻很沉重。

由於有這些情況，當被告知準備會見時，我曾謝絕過一次。但是，會見很明顯是總理自己的意志決定的，所以催促我馬上坐車出發。

車子在北京市內大約行駛了 15 分鐘左右。會見的地方在中南海附近的一家醫院裏。

北京的冬天很寒冷。那天已臨近年關，尤其寒冷。

醫院裏寂靜無聲，等待會見的時間很短。妻子感到有些冷。這時，林麗韞女士好像不經意似的把自己的大衣披在她的肩上。妻子至今還感激林女士當時的關心體貼。

周恩來總理非常消瘦，但是他出來迎接我們的時候，腰板挺得筆直，神態毅然。

會見一開始，總理就說："您這是第二次訪華了吧。"總理憑藉強韌的精神力量，竭盡全身的力氣，一句接一句地說着。

總理指出："20 世紀的最後 25 年，對世界來說，是最重要的時期。"——這些令人難以忘記的話，至今仍在耳邊迴響。

林麗韞女士面貌清秀，眼睛炯炯有神。她從小在日本神戶長大，聽到新中國誕生的消息，深受鼓舞，回到中國，投身於新中國的建設。

關於周總理帶病迎接我，和我的會見的各種情況，林麗韞女士為了後世，都説給我聽了，她説：

"儘管在住院，周總理還是接見了您，是因為總理很了解您打開日中友好道路的功績。總理是通過那次會見，把兩國友好的偉大事業寄託給您了。"……

翻譯也可以説是"歷史的見證人"。我感謝林女士深刻理解我希望在兩國之間架設金橋的心情，説出了這樣的證言。

和周總理會見的 1974 年，我的海外訪問以及和世界上領導人對談的機會，與以前相比，飛躍性地增多了。

這一年，我首次訪問了中國也訪問了蘇聯，還去了北美和中美、南美。

有位記者把我和海外有識之士會見的次數，按年次製成圖表，他吃驚地發現，以 1974 年為界，次數急劇增多了。

通過這樣的訪問，我痛感到翻譯的重要性。因此，我一方面和年輕的翻譯交心，同時在現場培養他們。

《聖教新聞》創刊的時候，戶田城聖先生（創價學會第二任會長）説："外行也沒關係。誰剛開始的時候都是外行。記者幹過十年，也會變成內行。"

確實如此。我決心花費十年時間，和年輕翻譯一起學習，一起戰鬥，同時培養他們。一定要培養年輕的翻譯。我把希望寄託在年輕的潛力上。

❖ 實踐培養人才

自那以來，十幾年過去了，SGI（國際創價學會）公認的翻譯制度也得到了充實。1991 年 3 月，和翻譯代表進行了各種座談，慰問了他們平日的辛苦。我的人才培養方式是實踐即訓練。我認為這就是在實踐中進行人的教育，在生命和生命的觸發、碰撞中，培養優秀的翻譯。

我自初次訪問海外以來，已經過去 40 年了，訪問過的國家有 54 個，去海外的次數約達 70 次。

在此期間，許多翻譯幫過我的忙。使我越過了語言的障礙，向世界各國弘揚佛法，我一刻都沒有忘記翻譯們在背後所做的寶貴的努力。

我經常跟青年翻譯説：

"翻譯的聲音一定要大。聲音大，話語才能溝通。中國翻譯的聲音不用麥克風，從人民大會堂的地面升到頂棚，再回到地面。整個房間都能聽到朗朗的聲音。"

黃世明先生在人民大會堂給我擔當翻譯時，就發出這樣清脆悅耳的聲音。我第一次訪華以來，一直受到他的關照。

我和中國的要人會見時，大多由他擔任翻譯。他來日本時也常常見面。

他歷任中國人民對外友好協會、中日友好協會的副會長等要職。

他人品好，是一個彬彬有禮的長者。從他滿頭黑髮梳成三七分頭的時候起，我們就有交往。

"患難知真交"、"真金不怕火煉"，他還引用過這些中國箴言，來表達深刻的友誼。話語中表現出他自身信念的人生態度。

他還作為來賓，出席創價初中、高中的開學典禮。他在致辭中說：

"希望大家能把子子孫孫相傳的金橋永遠繼承下來，使它更加光輝燦爛。"

黃先生是在中日友好最前線上艱苦奮鬥的人士，他的呼籲會打動年輕人的心。創價學園出身的人們，很多是把兩國的友好當作畢生的使命。

記得是我 1992 年訪華的時候。聽説黃世明先生生病住院了。我當即詠短歌一首，請人送給了他。

祈禱祈禱

再祈禱

喜看仁兄康復日

滿臉盛開喜悦花

兩年後，黃先生戰勝了病魔，夫婦二人一起訪日，露出極其喜悦的笑容。

1998 年 9 月，他高度評價我 30 年前提出的邦交正常化的建議，[9] 以為這是兩國友好發展重大開端。

先生在談話中引用了我的建議中的一段話：“時代瞬息萬變。着眼未來開展行動，是青年的特權”。他對歷史的回轉軸 —— 年輕的一代滿懷着期待。

他還在證言中説過這樣的話：“無論公私，我和創價學會都有着聯繫。我感到光榮，感到自豪。”

他是一位獨具慧眼的人士，也是一位誠實的、心靈熠熠生輝的真正友人。

---

9 對邦交正常化的建議：1968 年 9 月 8 日，池田會長（當時）在第 11 屆創價學會學部大會上的演講中，呼籲“日本要與中國邦交正常化，讓中國參加聯合國，應當傾注全力促進貿易”。建議日本與中國邦交正常化。

❖ 翻譯的五個要點

SGI 公認的各種語言的翻譯，工作都非常認真、努力，表現十分優秀。其中的一人叫矢倉涼子，擔任英語翻譯，她的父親是日裔第二代，母親是日本人，本人在教育家的家庭長大。從幼兒園到高中都是在國際學校就讀，大學的成績也非常優秀。自從參加初中部的夏季講習會之後，一直夢想能做一名 SGI 的翻譯，後來如願以償了。

我記得，SGI 的公認翻譯日益積極活躍的時候，我在洛杉磯的各國代表者會議上，提出以下五點作為翻譯的要點：

一、教養與外語能力
二、純潔的信仰心
三、掌握對方的內心想法
四、正確傳達談話人的內心想法
五、體力

我曾和莫斯科大學的前任校長羅古諾夫先生出版過對談集，博士稱讚創價大學出身的翻譯俄語非常棒。

不僅僅是俄語，對於翻譯來說，人格也很重要。莫斯科大學副校長特羅平先生（當時）在其著作《相逢 20 載》中這麼說：

"不禁想起了 1976 年我初次訪問日本的時候和先生談話的情景。先生當時強調了人和人之間的交流，尤其是青年交流的重要性，說為此目的，外國語的學習是不可欠缺的。……還開玩笑地說，創價大學的課程設置也導入了俄語課，在不久的將來去蘇聯時，可以帶自己的翻譯去'保住面子'。"

—— 作為創價大學和莫斯科大學學術交流的一環，我們派出了留學生。從這當中，不斷培養出優秀的翻譯。

說到俄語，我們得到莫斯科大學副教授斯特里·杰克先生的鼎力相助。

1974 年 9 月，我初次訪問蘇聯的時候。飛機在莫斯科的謝列梅捷沃國際機場降落，莫斯科大學校長霍夫洛夫先生等人早就在那裏等待着我們的到來，其中就有擔當翻譯的斯特里·杰克先生在場。

我很詫異，蘇聯竟然有日語說得這麼流暢的人。

前面有警車為我們開道。從機場到市內的車子裏，為我和霍夫洛夫校長的談話擔當翻譯的，就是斯特里·杰克先生。不同的語言也就意味着不同的文化。訪問異國時，首先進行語言交流的翻譯起着舉足輕重的作用。

到達下榻的地方，我跟他說：

“謝謝您。您說的日語真好。”

和我同車的妻子也是這麼認為。

我和現在已故的柯西金主席以及諾貝爾文學獎得獎者蕭洛霍夫先生會談時，也是這位斯特里・杰克先生擔當翻譯。

他在莫斯科大學經常關心培養學習日語的學生們，多次率領他們訪問日本。

這位先生曾經跟我談過他在莫斯科機場等待我即將走下舷梯時的心情。

“說實在的，心裏真有些忐忑不安。‘先生能信賴我這個翻譯嗎？’‘能正確翻譯先生的話嗎？’但是，先生非常關心體貼人，說話明白易懂。所以我也就有了信心。”

可以說，從我們那次初次見面時起，兩人就結成了信賴關係，並把友誼一直保持到今天。

這種人與人的心靈共鳴，培育了與俄羅斯之間生命力長流不息的教育、文化的交流。

1974 年去中南美訪問的時候，最初旅途的計劃作了變更，緊急由邁阿密直抵巴拿馬，和當時的最高領導人托里霍斯將軍和總統以及大學校長等進行座談。

訪問巴拿馬是突然決定的，所以沒有準備懂西班牙語的翻譯。代替方案是採取這樣的迂迴的方法 —— 把我的日語翻譯成英語，再由懂英語的美國人翻譯成對方使用的西班牙語，這樣做，既浪費時間，又無法對話。於是，對翻譯幾乎毫無經驗的年輕的吉田貴美郎起身出來代替了。

在商討第一天的對談時，就有人說："今天的翻譯只能傳達六成的意思。真令人擔心。"我立即說："第一次用我自己的翻譯，就能夠傳達六成的意思。這不是很不了起嘛。"

首先要給予他們信心和勇氣。他以後也非常活躍，還培養了許多後輩。

對話在某種程度上是人和人之間的嚴肅認真的比賽。甚至也可以說是語言和語言之間的交鋒。互相敞開心靈的過程，表明對話的加深。

我說"聲音要大"，首先因為"聲為佛事"。[10]

我年輕時候沒有時間學習外語。為了支援戶田先生和學會的再建，我每天都要東奔西走，這是我最大的驕傲。不過，我還是痛感到學習外語的重要性。在青年部的培養人才的小組"水滸會"上，我曾就"外語"的問題問過戶田先生。

戶田先生微笑着說：

"為了在全世界弘揚佛法，外語的勝利是前提。外語的高手恐怕再多也是不夠的。"

---

10 聲為佛事：佛用聲音對眾生論法，教化他們。

幸而，翻譯們都刻苦努力，鍛煉自己，SGI 公認的翻譯陣營已堅如磐石。我要再一次向他們表示感謝。

❖ 人類的至寶《法華經》的翻譯

佛教誕生於印度，在它向世界傳播的令人心情激動的過程中，和口譯的領域略有不同的經典翻譯，起到了極其重要的作用。

2000 年 3 月，在開始聽到春天的腳步聲的維也納，奧地利國立圖書館，舉辦了"《法華經》和絲綢之路"展覽。

那次展覽介紹了俄羅斯科學院東方學研究所收藏的《法華經》的手抄本和木版本等 30 件藏品。

《法華經》是釋尊所說的最高經典，是人類的至寶。在它由印度通過絲綢之路向東傳播的過程中，被翻譯成許多語言，由此也可以知道它的價值。

《法華經》向中亞、東亞傳播的過程中，一面創造了文化交流的舞台，同時被翻譯成古維吾爾語、西夏語、梵語、漢語等許多語言。其中，被稱為彼得羅夫斯基本的《法華經》是俄國駐喀什噶爾總領事彼得羅夫斯基在 19 世紀末收集的抄本，是用梵語寫的。

不能忘記，佛教所具有的"生命的尊嚴"和"和平的價值"、"環境的重視"、"高級的宇宙觀"等，通過翻譯這種勞動，已作為人類共有的價值而流傳下來。

把佛教的真髓極其準確地傳到中國的是著名的鳩摩羅什。他也許早就意識到要作翻譯的使命。

羅什備嚐艱辛，來到都城長安。為了實現 40 年來跟師父須利耶蘇摩學習《法華經》的悲願，他猛然着手翻譯。

當時他已年近花甲。門下聚集的英才，據說多達三千餘人。他一面講課，一面推進翻譯工作。這不是單純的翻譯，可以說是一次大型的佛教的鑽研運動。

有名的佛書上說："如西天佛法東漸時，已翻梵音，傳至倭漢。本朝之聖語，在廣宣時，亦譯假字，可通梵震。"

日蓮大聖人的《御書》（指日蓮的遺文集 —— 編者註）已有英文譯本，並將譯成各國的語言。我希望大家銘記，這種狀況也是民眾掀起的廣泛的鑽研佛法的運動中湧現出來的。

承擔這一尊貴的運動重任的開拓者，就是全世界令人尊敬的翻譯們。時代和舞台一旦發生變化，沒有翻譯的寶貴的功勞，優秀的思想和哲學就無法傳播。

尤其是我，對談者的領域多種多樣，有歷史學家、教育家、天文學家、政治家、經濟學家、物理學家、化學家、數學家、詩人、作家、軍人、宗教家、舞蹈家、音樂家、革命家、畫家、書法家、運動員、外交官、醫生……

❖ 文明之間的對話

我真正痛感到翻譯的必要性，是在和湯因比博士對談之後。從那以後，已經歷過二十幾年的星霜。

俯瞰歷史，回顧文明的挑戰與應戰，與湯因比博士縱橫交談人類面臨的課題的十天，令人感到彷彿就像不久前發生的事。

2000 年 3 月，我和湯因比博士的對談集譯成第 24 種語言 —— 捷克語出版。筆譯與口譯雖然層次不同，但在"文明之間的對話"中，都承擔着不可欠缺的重要的作用，在這一點上兩者是相同的。

話語要準確地傳達心靈。說話的內容自不用說。歸根結底是要傳達對話的"心"。所謂翻譯們某種意義上的妙趣，可以說，就是要把心與心打開，連到一起，形成對未來信賴的土壤。

我喜歡人，所以同各種立場的人們對話。對話會超越民族、意識形態的差異。我將終生持續對話。"文明之間的對話"絕不能停止。

遍及所有領域的翻譯多麼辛苦啊！他們會成為我的耳朵和嘴巴。對他們我是感激不盡的。SGI 的翻譯們承擔着文化、教育與和平的佛法運動重任。我忠心稱讚他們是現代的羅什三藏。

SGI 已遍及五大洲。

克服語言的障礙，很好地遍及世界。

日蓮大聖人說：

"弘揚佛法終將遍及人世。"

弘揚佛法的舞台是人世。

雨果文學紀念館開館

森林的綠蔭鬱鬱葱葱。

微風在林木間游泳。

小鳥們在陽光中歌唱。

寂靜的池塘在解除佇立人的煩惱，踩着踏石可以到達的浮島，在展開夢境。

6 月的大自然溫柔地擁抱着詩人的宅邸，那是人性輝煌的"文學城"。

巴黎南郊的比埃布魯森林 —— 文豪喜愛的這座漂亮的宅邸、這個池、這條小路、這片草坪、這些花朵……

19 世紀最偉大的詩人維克多·雨果，年輕時曾在激烈的鬥爭中多次到訪過這裏，並作過短暫的逗留。他在這裏思索，醞釀詩情，談論文學，執筆寫作，在稿紙上留下靈魂。

雨果曾經謳歌這比埃布魯的天地：

這寧靜的、無窮無盡的、深邃的美，
令人從心靈深處忘卻這地上人類所有的醜惡，並使之昇華。

雨果有詩歌。

有對受欺凌的人們，無限的慈愛，有比大海、天空更加寬廣的心，而且，對虛偽與邪惡的憤怒和對正義的渴望，都有着如同疾風怒濤般的凌厲。

雨果是我青春的，不，是我終生的精神上的戰友。

❖ 公開展示一千九百件遺寶

1991 年 6 月 21 日，雨果文學紀念館開館，向一般人公開展示凝結着這位大文豪精神的手稿、遺物和資料等 1900 件遺寶。

那天，許多熱愛雨果、把他引以為驕傲、對他波瀾壯闊的人生有着共鳴的文化界人士，都光臨了開館儀式。

兩年前會見過的密特朗總統（當時）也寄來了祝福的賀詞。法國的藝術、學術各界人士以及世界 12 個國家的大使館相關人士也都出席了。

紀念館的名譽委員由以下 8 位大名鼎鼎的先生擔任：

杰克・蘭格先生（文化部長）

阿蘭・德柯先生（法蘭西學士院會員）

埃爾貝・巴藏先生（龔古爾研究會會長）

馬賽爾・蘭德斯基先生（法蘭西藝術學院終身秘書

長、法蘭西學士院總裁)

路奈・尤伊古先生 (法蘭西學士院會員、美學家)

焦爾鳩・波瓦遜先生 (法國美術館總監察官)

哥札克・桑布里先生 (作家)

詹・戈登先生 (巴黎大學教授、雨果研究世界性權威)
等人。

其中的馬賽爾・蘭德斯基先生，我在法蘭西學士院演
講時，曾經款待、關照過我。他在會上朗讀了格調高雅的
賀詞。

他為"能使雨果再生的紀念館"的開館而高興，並列舉
了幾點成為其一生的作品和行動的源泉的特質，令人印象
深刻。這幾點是：

一、關於世界的文學、文化、社會，經常有着堅持令
人瞠目的主張的"勇氣"。

二、保護苦惱的人們的"對善的意志"。

三、想"希望"度過有精神性的人生。

四、"對和平的信念"。

我和《世界人權宣言》的起草人、諾貝爾和平獎的得
主路奈・卡森先生的夫人，以及法國詩人協會會長法朗蘇
斯・德奈魯先生都互道了寒暄。

雨果的第五代玄孫皮埃爾・雨果先生也到場了。他的
笑容很像文豪年輕時的面影。

令人難忘的是，他微笑着說：“雨果家的雨果和日本雨果見面了。”把一張世代相傳的家中瑰寶肖像照片贈給了我。

托爾斯泰的孫子塞爾蓋·托爾斯泰先生也是來賓的一員。

他是醫學博士，“托爾斯泰財團”的副總裁，也是“托爾斯泰朋友會”的會長。我榮幸地獲得他授予我“托爾斯泰朋友會”名譽會員的證書。據説包括原總統季斯卡德斯坦在內，我是獲此殊榮的第三個人。

我對他寬宏大度的鼓勵，感到不好意思。他説：“要把全世界的人們團結在一起，要把人和自然聯繫到一起的SGI（國際創價學會）會長所採取的行動，和祖父托爾斯泰的思想、理念完全一致。”

另外，這座雨果文學紀念館的設想，並不是把收集起來的文物搬運到國外去，而是始終提供給這個國家運用——他對此極其讚嘆。

他贈我一枚紀念章。背面刻着托爾斯泰去世的地點阿斯塔波沃車站（現為托爾斯泰車站）的畫面，和表明托爾斯泰長眠的時刻——清晨6點5分的時鐘模型。

雨果和托爾斯泰都是對我的人格形成給予莫大影響的作家。我一面和他們的嫡系子孫們交談，一面遐思着這兩位大文豪當年悲壯的鬥爭。

他們兩人都依靠和民眾的親密關係，不屈服於權力，用筆堅持鬥爭。其心靈一定會超越時間、地點和語言，不斷發出日益偉大的光芒。

作家金吉斯・艾特馬托夫先生是我珍貴的朋友。他作為赴任的大使，從盧森堡駕車趕來，參加儀式。

他在賀詞中說："亞洲與歐洲、東方與西方一直在摸索生動活潑的交流和互相支持。"認為創價學會的貢獻，是這種創造性的努力和具體的首創精神的寶貴的先例。

羅馬俱樂部的霍夫萊特涅爾會長也從西班牙趕來。他說："我繼承了（羅馬俱樂部）創始人、原會長貝恰先生對SGI會長的深厚的友誼。"我們相談甚歡。

聖保羅美術館館長馬加梁埃斯先生，也萬里迢迢地從巴西乘飛機趕來了。

❖ 時代需求人道主義的火焰

作為文學館的創立者，我在開館儀式上致了詞。

19世紀文豪維克多・雨果，從這片法蘭西的大地上發出了偉大的"靈魂的光輝"。它超越時空、超越國境，不斷向全世界傳送豐富多彩的光輝。

我在致辭中說："我想把雨果文學的絢麗、豐富的成果，收納於這緣分頗深的洛什的宅邸裏，架起一座通向新世紀的虹橋。

在全世界熱愛雨果的民眾衷心愛護下，文學城就這樣復甦了。我感到非常高興。"

我不禁要談一談少年時代第一次接觸雨果的大作《悲慘世界》時的感動。它的每一頁都使得年輕的生命深廣地轉向宏大的人的心靈世界。

說起雨果，就會想到深愛雨果文學的恩師。通過革命小說《93 年》，學習到了"人道"、"人權"和"教育"等光輝燦爛的理想。這也是令人難忘的。

雨果行動的軌跡是，在形形色色的批評和誤解的漩渦中，不從屬於任何人，爭取人性的勝利。這對我們爭取創造新的人性文化的民眾運動，也是一種強有力的鼓勵。

時代越來越需要雨果的人道主義的火焰。我祈求，這個紀念館能成為一座"精神的燈塔"，把"自由"、"平等"和"博愛"的高尚的法國精神送到世界，送往未來。

1864 年，巴黎舉辦了紀念莎士比亞誕辰三百周年活動。雨果從流亡的根西島發去了賀詞。

賀詞中說："法國人讚揚英國的莎士比亞 —— 這樣祝福文豪，就是祝福我們地球本身，也是祝福宇宙中普遍存在的崇高的精神法則。對文學的共有，是宣告人類融合的黎明。"

共有偉大的文學，確實會帶來人與人的理解和融合。

公元 2002 年是雨果誕辰兩百周年。我希望這一年能成為雨果無限嚮往的"人道的世紀"、"民眾的世紀"的開幕。我懷着這樣的決心，結束了我的發言。來賓們也表示強烈的共鳴。

正如雨果所展望的那樣，如今歐洲已開始成為一體了。

❖ 展示的資料令人感慨頗深

紀念館的展覽室由一樓的三個房間和二樓的兩個房間，共五個房間組成。

由於第一任館長的菲利普・莫旺努先生以及成立紀念館而做準備工作的相關人士，長達兩年的獻身的努力，文豪的珍貴的收藏品才得以很好地分門別類，精心整理，供人展示。

"藍色沙龍"是一間淡藍色的房間，展示的重點放在雨果的青春時期上。

展出的物品有他 17 歲時在文學比賽中奪魁的作品集，有閃耀着 18 歲的熱情和感性光輝的石版畫的肖像，還有年輕時親筆寫的原稿和初版書籍等，表現出青年雨果要作為詩人、劇作家，向着藍天展翅翱翔的氛圍。

"綜合沙龍"展示的主題是流亡時期。

各種寶貴的資料，敍說着與獨裁權力作激烈鬥爭的創作活動和不屈不撓的生活。有《悲慘世界》、《93年》的構思筆記和親筆校正的校樣等。可以探尋各個不朽名作產生的思索軌跡。

還有親筆寫的《93年》的手稿。這部作品主要是尖銳地責問"人性的正義"，並不是"革命的正義"——這一切令人感慨殊深。

我曾經在23歲（1951年1月13日）的日記中寫過這樣的話：

"大文豪雨果，革命的偉大的敍事詩。讀完小說家維克多‧雨果的《93年》。感慨頗多。"

"非常希望我國也能出現像他那樣偉大的小說家。"

"啊！立足於偉大的哲理、偉大的思想、偉大的宗教的大文豪，何時才能出現呀！"

"啊！為偉大的革命、偉大的理想燃燒着偉大的熱情的世紀的大文學家，快一點出現吧！"

當時，恩師戶田城聖先生（創價學會第二任會長）的事業陷入困境。我一個人支持他，每天過着秋霜烈日般的嚴酷的日子。我朝着理想，勇往直前，一步也不退讓，進行激烈的鬥爭。就在這樣的狀況下，革命小說《93年》特別使我感動。

戶田先生通過雨果文學，針對社會的變遷和革命者的各種形象，無拘無束地進行教導。

恩師大聲喊道："革命要不怕死！"

不怕死的人還會怕甚麼呢？無所畏懼的人，不會屈服於任何的陰謀和暴力。真正的青年要為志向而活着，要為理想而熱血沸騰。為志向而活着的人生，會加倍地對阻礙和攻擊進行反擊。對壓迫和嫉妒，只有蔑視。

雨果向拿破崙三世的暴政挑戰，被迫度過了 19 年的流亡生活。

他拿着別人的護照，戴着工人帽，披着黑外套，喬裝逃出了法國。

這時，勇敢地救助雨果的，是以前曾演過他的戲劇的女演員朱麗葉・德魯埃。

以後，雨果不得不從比利時的布魯塞爾，流浪到英國的屬地澤西島和根西島。

不過，他絕對沒有停止過爭取自由的戰鬥。不，他的言論鬥爭日益激烈，毫不留情地、不停地向當權者發射猛烈的言語的子彈。

在澤西島，他仍然在謳歌不屈的決心。如著名的《懲罰詩集》的《結束語》：

即使沒有盡頭，

我也甘受艱辛和流亡。

意志剛強的友人，會不會屈服？

許多應當留在流亡地的人，會不會回國？

我不知道，也不想知道。

即使只剩下一千人，

好吧，我也要留下不走。

即使只剩下一百人，

我仍要反抗到底。

如果只剩下十個人，

那我就是第十個人。

如果只剩下一個人，

那我就是這個人。

1852 年 12 月 2 日於澤西島

（《雨果詩集》，辻昶・稻垣直樹譯，潮出版社出版）

　　不久，雨果被趕出了這個島，不得不轉移到第二個受難的島 —— 根西島。這個島浮在法國西北的英吉利海峽上。民眾詩人從 53 歲到 68 歲在這裏度過了孤高的流亡生活。

　　不過，任何人都不可能消滅巨人的聲音。壓迫越大，不屈的精神和挑戰的心靈越會把這些攻擊本身，變為反擊的動力，提高了戰鬥和創作的熱情。

❖ 年輕的雨果和洛什城

紀念館裏的"貝爾坦沙龍"，介紹了雨果與這個城的主人貝爾坦的家人及其友人的交往，以及雨果在這裏創作的作品。

坐落在綠樹成蔭的市鎮比埃布魯的洛什城，原本是太陽王路易十四建造的。

19世紀，作為文藝的維護者而聞名的路易‧佛朗索瓦‧貝爾坦住進這裏，才逐漸成為文藝沙龍而著名。他的沙龍培育了著名的報紙《辯論》。文學家、藝術家在這裏雲集，加深了交流。

關於這段歷史，莫旺魯館長在開館儀式的致辭中明確地說："1815年至1841年期間，他的沙龍吸引了政界、藝術界許多著名的人士 —— 如夏多勃里昂（小說家、政治家）、柏茲（作曲家）、安格爾（畫家）、李斯特（作曲家）等。其中最著名的賓客就是維克多‧雨果。"

年輕的雨果非常喜歡這座洛什城。他在這裏養精蓄銳，展望未來。在綠蔭環繞的大自然中，與有才智的、創造性的人們交往，錘煉了他天賦的詩歌才能。

雨果家和貝爾坦家的家人之間一直保持着非常愉快的交往。從展覽品中也可以看出這樣的情景。

走上二樓，有用紅顏色統一調和的"紅色沙龍"。再現了雨果戰勝了流亡生活，回到巴黎，一直到他結束其波瀾壯闊的高尚的一生。

1870 年 9 月，拿破崙三世向普魯士軍投降，成為俘虜。三天後，雨果終於回到巴黎。那時，雨果 68 歲。

雨果乘火車抵達巴黎時，車站上早有大批的羣眾高呼"維克多·雨果萬歲"在那裏等候。民眾以暴風雨般的歡呼聲，來迎接這位反抗獨裁和暴政、為了民眾而戰鬥的精神上的凱旋將軍。

雨果轟轟烈烈地活着、歌唱、吶喊、戰鬥。他是正義與民眾的朋友。

他以 83 歲的高齡結束其尊貴的一生時，民眾也是如浪潮般湧來。遵照他的遺囑，用素樸的車體改造的"窮人的靈車"，從巴黎的凱旋門轉入偉人祠。送葬的隊伍是愛戴他的兩百萬人的民眾。

這張莊嚴的照片也擺在展覽室裏，這表明雨果取得了通向未來的不朽的勝利。

雨果曾說過這樣的話："我不久就要閉上肉體的眼睛。但是，精神上的眼睛將比現在還要睜得更大。"他偉大的一生將與一百年、兩百年的歲月的經過一起，更加發出光輝。

當然，如同歷史上所有的偉人都獲得的勳章一樣，雨果也不斷地遭到攻擊。

雨果死後已過去了 50 年，仍然遭到謾罵和誹謗。保羅·瓦勒里談到這一點時説：

"昨天他（雨果）還像一般的活人似的，受到了攻擊。他們試圖把他斬草除根。這就是偉大存在的證明。"（《瓦勒里全集 8》，寺田透譯，筑摩書房出版）

但是，對於旁觀者們卑鄙的冷笑和低俗的謾罵誹謗，雨果都不屑一顧。他始終是注視未來，為了人類，勇敢地進行不朽的鬥爭。

另外，二樓的圖書室裏，收藏着雨果全集，以及世界各國翻譯、閲讀的譯本。對於熱愛雨果的人們來説，這是寶貴的書庫。

特別是這個紀念館開館的目的，旨在為比埃布魯市及其他區的文化遺產的復興作貢獻，推進文學的發展和振興。

這個設想是兩年前發表的。其實早在這以前，我就醞釀、研究過設立的夢想。

關於這一點，我曾和開館儀式前一天會見的阿蘭·波埃上院議長談過。

❖ 與波埃議長的會見

時間要回溯到 1981 年 6 月。那時是我和波埃議長初次見面。承蒙議長的好意，讓我參觀了上院的會場。

其中有一個席位是雨果作為上院議員而活躍時坐的。上院在席位上掛了一塊紀念牌子，稱頌了雨果不朽的功績。我請他們允許我坐在這個席位上，追思了這位如火如荼地開展過言論鬥爭的巨人。

牆上裝飾着雨果的浮雕。為了紀念雨果的功績，把這座"盧森堡宮殿"最美的一間沙龍作為"雨果室"獻給了他。

我對波埃議長説：

"設立紀念館的構想，實際上是十年前與議長初次見面時產生的。我是那時候下了決心。我希望把偉大文豪的業績和英勇奮鬥的一生留給後世的歷史。——這是設立紀念館的第一步，也是開始於議長先生的厚意。"

議長總是面帶微笑，一邊高興地詢問紀念館的現狀，一邊為文學紀念館能完全象徵雨果的精神而高興。

高潔的議長先生，曾經是反納粹、抵抗運動的鬥士。為紀念館的開館，他也寄來了賀詞：

"維克多·雨果是全世界最有名的、擁有最廣大讀者的法國作家。熱愛我們的文化的外國人，超越國境，將展覽會、紀念館呈現給這位偉大的抒情詩人，這是不足為奇的。"

"但是我們的外國友人，要在我們的國土上，弘揚雨果的光榮，這是更加珍貴，更加令人感動的。"

自開設以來，紀念館舉辦了常設展覽，以及"雨果與攝影"展、"93 年"展、"雨果與人權"展、"雨果與 21 世紀"展、"雨果與莎士比亞"展等企劃展覽會，引起了巨大的反響。

和許多大學的專家組成的雨果研究會也在進行共同研究。

收藏的雨果遺物已超過了 4700 件，國寶級的貴重的珍品琳瑯滿目。

令人高興的是，據說當地比埃布魯及近郊的人們都把它當作"自己的文學館"加以愛護，一年好幾次帶着家人和朋友來訪問。

從國外和法國各地來參觀的人也絡繹不絕。

電視、報紙、雜誌等也給予很高的評價，認為"它是這個城市值得訪問的最重要的場所"。據報導說："無論在教育方面還是文化方面，都是極其有益的配合。"

雨果非常喜歡年輕人，所以青少年來參觀的也極其熱鬧。

在某個城市來訪的高中學生代表團中，一個學生曾在留言簿上這麼寫道：

"這裏提出的雨果的語錄，可以成為我們學校反對校內暴力的規則。因為這些語錄會促使我們思考，給我們帶來教訓。"

這位法國培育的、具有偉大靈魂的解放詩人，讓世界覺悟到自由和正義。

他的驚濤駭浪般的一生，是小説，是繪畫。

他是向世界顯示語言力量的戰士。

他是通過考驗，更加錘煉自己的勇士。

他是呼籲精神自由、精神獨立的自由人。

他是對巨惡義憤填膺的人道主義者。

他一面同浪濤般湧來的逆境鬥爭，同時用敏鋭的、感性的光芒來理解“生與死”。

“晝與夜在這裏交戰。”——這是他臨終時説的話。

“光明”與“黑暗”的鬥爭，是永遠持續的鬥爭。不過，光明一定會衝破黑暗。這是雨果的信念，是他的人生。

比埃布魯的“文學城”是“精神勝利的城”，是粉碎邪惡、消滅悲慘的“正義的光明之城”！

在哈佛大學的第一次演講

初秋的波士頓 ——

把美國的歷史凝縮，留存下來的穩重、渾厚的風情，石板鋪墊的狹窄的小巷，經受嚴酷的風雪的磚房，讓人想起建國草創期的面影。

踏在石板上的腳步聲，總是令人覺得好像是傳來了那些渡過大西洋，直奔這塊新大陸的人的熱情。

望着大海，也會讓人想起 1773 年因"波士頓傾茶事件"（Boston Tea Party）而爆發的獨立戰爭的往昔。

是這座城市產生了美國，培育了美國。

在秋天清澄的空氣中，這樣的城市更加增添了一層厚重感。

說起來是有悠久傳統的歷史古都，但市民的平均年齡卻很年輕，據說還不到 25 歲。周圍有大小 60 所大學。所以洋溢着朝氣蓬勃的青年人的氣息。

它又被人們稱為"美國的雅典"，是"學術之都"——其象徵就是哈佛大學。

它創立於 1636 年，距清教徒在東海岸留下第一個腳印僅僅 16 年，先於建國 140 年，是美國最古老的大學，一直承擔着這個國家的重任，是值得驕傲的"學術之府"。

這所學校出了 6 個總統、30 多個諾貝爾得主、30 個普立茲獎的獲獎者等，不斷地向各界輸送了許多傑出的人才。哈佛的名聲確實是由畢業生的活躍建立起來的。

我最初訪問哈佛是 1991 年，正值它創立 355 周年。

和美國其他的大學相比，哈佛大學的特點是，不斷地適應時代和社會的要求，向世界開放學問的門戶，以致有"私立聯合國"、"知識的複合體"的稱號。留學生很多，也説明了這一點。

穿過波士頓的市街，望着右手的大西洋，走過架設在查爾斯河上的橋樑。清爽的秋風吹拂着河面。

以傳統和格調而自豪的名牌大學都在劍橋市。岸邊林立着歷經幾個世紀的紅瓦的學生宿舍。

在綠樹成蔭的美麗的校園裏，各種膚色的學生們在自由地散步。昨天的雨水把綠葉沖洗得更加艷麗。伸向秋日天空的粗大的樹幹，令人感到年輪在增長。

深奧的、學術的成果纍纍。學校向世界敞開精神的大門，積極熱情地吸收新的事物、未知的事物和不同的事物。所以當然沒有偏見、臆測插入的餘地。可以説，這是應當大書特書的、真誠的、全校的傳統。

我受哈佛大學兩次邀請，都進行了演講。

第一次就是在 1991 年 9 月 26 日。受到該大學的肯尼迪政治研究生院的邀請，演講的題目是"軟實力的時代與哲學"。

第二次是兩年後的 9 月 24 日。受到文化人類學部和應用神學部的聯合邀請。題目是"21 世紀文明與大乘佛教"。

❖ 軟實力的重要性

第一次演講的會場是肯尼迪政治研究生院的"勝利者"講堂。講堂像是一個大教室。座席好像圍繞着飾有校徽的講壇，排成半圓形，往後方隨着台階面提高。

正面的板牆上，張貼着演講題目。

在講壇左右兩邊的桌子後面，坐着演講開始前致辭的約翰蒙哥瑪利教授（美國創價大學環太平洋和平、文化研究中心所長）。演講後進行評論的約瑟夫‧奈伊教授（哈佛大學國際問題研究中心所長）和阿休頓‧卡特教授（肯尼迪政治研究生院科學、國際問題中心所長）。他們都面向聽眾，並排而坐。

三位教授都是哈佛大學的代表性人物，作為國際問題的評論家而廣為人知。

我記得演講是下午 6 時開始的。

出席演講會的有哈佛大學、麻省理工大學、塔夫茨大學、波士頓大學等大學的教授及許多人士。

蒙哥瑪利教授首先站起來致辭。

教授在致辭中指出，與西方相比，東方有一種精神傳統，更側重於從“道理”、“心靈美”等“非物質層面”，而不是從“物質層面”來看待人的行動。

他說，從這一意義來講，在今後的世界上，演講的題目“軟實力”的重要性，將越來越大。

這位教授是我多年的知交。正因為如此，他能準確地掌握我演講的意圖。同時，他還介紹了我迄今為止的業績是“對人道的貢獻”。使我感到不好意思。

說實在的，演講是一種非常費力的工作。

需要一次又一次地不斷地思考和斟酌。

記得那是我在北京大學作第三次演講的時候。一開頭我帶着幽默的口吻說：

“我總覺得在大學裏演講是非常難的。講得太容易，人們會說這與最高學府的大學不相稱。講得太難了，人們又會責怪你沒有很好地消化，就來胡說。”會場裏引起一陣哄堂大笑。

這些暫且不說了。一旦決定要演講，那就好像背負起一個沉重的大包袱。直到結束為止，簡直就像是一項損耗生命的工作。明知很疲累，但想到此時不講，更待何時。

於是就刻下了歷史的一頁。

尤其是在哈佛大學的演講，我希望它是"西方的睿智"和"東方的智慧"邂逅的場所，希望它會成為一次真誠地重新探討宗教本源的對話，更希望它也是一種重新審視以人為中心的歷史的工作。

另外，演講雖說要介入翻譯，但還要注意發出朗朗的聲音。

日蓮大聖人在遺文中也說過"所謂言，係弄響心之思，發出聲音"。就是說，心是通過聲音，傳給對方。

不可思議的是，誠心和熱情一定會傳給他人。據說有人喜歡我說的日語，說"好像聽音樂的旋律"。

❖ 追求"哲學的復權"

推動歷史的直接原因，過去曾把軍力、權力和財力等"硬實力"看作是決定性的要素，所以演講的內容就由此切入。

可是，最近迎來了知識、信息、文化等"軟實力"日益增大的時代。

一定要把這樣的時代潮流變成不可逆轉。為此，最重要的力量將是"內發性的"、"內發的精神性"。

從這一意義上來説，"哲學"的重要性增大了，廣泛的普遍性的"良心"的存在，變得至關重要。所以我主張培育人類精神的內發力的"哲學的復權"。

這時，我提到法國的歷史學家托克維爾的古典名著《美國的民主政治》。談到建國時期的美國社會沒有用制度等外在壓力，來壓制信仰這一內發的力量，宗教保持了信仰的內在的樸素性。

與此相反，近代日本偏重於外發性的開化。為了增補這一點，正如新渡戶稻造所説的那樣，明治時代的日本人不是在宗教中，而是在"武士道"中尋求形成自己精神的骨骼 —— 我在演講中介紹了這一觀點。

演講的副題是"為了打開新的日美關係"。因此，論述了美國的"清教徒主義"和日本的"武士道"。成為各自社會的精神骨骼的兩國的歷史，同時回顧了日美的關係史。

據我考察，近代日本之所以在"卑屈"與"傲慢"之間動搖，那是由於缺乏律己的哲學。

迄今為止，在最近的四分之一的世紀裏，我從 1974 年 4 月開始，在加州大學的洛杉磯分校以及莫斯科大學、北京大學、法蘭西學士院、巴西文學院、博洛尼亞大學、哈瓦那大學、哥倫比亞大學等世界上 27 所大學和學術機構作了 31 次演講。

這些單位都是對時代精神的形成和人類文明的方向給

予了莫大影響的"才智"和"學問"之府。它們的共同點，可以説是超越了體制，廣泛地探索學問。

尤其是哈佛大學和哥倫比亞大學等美國的名牌大學，其共同的特徵，坦率地説，我感到的就是"胸襟廣闊"。

也就是説，它們都洋溢着要調查、研究全世界的文化、歷史和社會的積極性和開拓精神。

確實也有人指出，它們承擔了部分對美國國家利益的追求。但是，在其過程中，確實產生和擴大了對他民族文化、異文化的深刻理解。這是不爭的事實。

例如，在第二次世界大戰中，這些大學仍然繼續對日本的研究。日本雖是敵國，但研究其文化，基本上沒有受到批判。因為自由研究是許可的。

在當時的日本，英語被當作帶敵對性質的語言，學它的人被指責是"非國民"。例如棒球的用語"strike（好球）"、"foul（界外球）"、"out（出局）"，　不能按慣例，説它的譯音，而要先譯成相當的日語，作為日語的詞來用。我的青春的前半期，就是在這樣的時代度過的。

另一方面，美國的大學有許多研究日本的優秀學者。他們孜孜不倦地在學習《源氏物語》等日本的古典文學和歷史。

其中也出現了許多為了戰後日本盡力的、被稱為知日派親日派的知識分子。在這裏也令人感到美國的胸襟廣闊。

近年來，日本出現了一股狹隘的國家主義的風潮。他們把這些理解日本的人們的正當意見當作耳邊風。這令有良心的有識之士感到憂慮。

在演講中，我論述了與異文化接觸時，需要內發性的律己的哲學。

為此，我主張如佛教的"緣起思想"[11]所示，重視相互的關係性，是保持和諧的關鍵。

我還介紹了佛法把自己和世界視為一體的"依正不二"[12]的哲理。

我強調了在"軟實力時代"，要謀求使友情、信賴和愛情等珍貴的人與人之間的紐帶重新復甦的哲學的復權。

在美國的代表性的大學裏，在佛教研究方面，也留下了世界性的成果。

哈佛大學在佛教研究的領域也擁有很長的歷史。並沒有印度學學科，持續出版關於佛教和印度哲學的正規的研究書籍——"哈佛東方學叢書"，為世界的佛教研究作出了很多貢獻。

---

11 緣起思想是一種佛教思想。"緣起"是"因緣而起"之略。意思是，不論是人類社會，還是自然界，一切存在都不是單獨存在的，一切都是通過相互結成"因"和"緣"的相關關係，而形成現象界。

12 依正不二，是"依報"、"正報"不二之略。佛教用語。"依"是"依據"、"依靠"的意思。"依報"是指"身心所依靠的環境、國土等"。"正報"是指"營生的主體"，即眾生的身心。"不二"是不能單獨分開存在的意思。

哈佛大學還有一個"世界宗教研究中心"。這個中心也進行佛教研究，持續對日本、中國等亞洲的宗教進行正規的研究。並且，並沒有停留於歷史的考察，而是把重點放在宗教在現代將會發揮甚麼作用上，堅持不懈地進行了研究。

例如，D·印戈爾斯教授及其弟子們使用現代的符號邏輯學的方法，解讀了以佛教為中心的印度的邏輯學，恢復了現代也通用的佛教的睿智。順便提一句，這位印戈爾斯教授也精通日語，據說在第二次世界大戰期間，曾給美國的知識分子和官吏講授《源氏物語》。

❖ 生活在現代的人的歷史使命

最近，現代文明陷入困境。與此同時，在日本等地經常可以看到高喊東方文明"優越性"的論調。但是，他們對西方文明的深邃，究竟有多少理解呢？

在這一點上，我很欣賞那些對西方的文化、思想和哲學有很深造詣、並能謙虛地學習東方文化的人們。

而且，他們的研究並不是隱藏在"東方的神秘"的後面，而是真誠地探索東方的睿智在解決現代社會的各種問題上怎樣作出貢獻。

總而言之，不要簡單地做“東方對西方”、“神秘對合理”之類的圖式化，不要輕易地做“西方的時代已經結束”、“今後是東方的時代”之類的結論。可以説，這才是有才智的人。

我在哈佛大學的兩次演講，也不是我作為東方人來向不懂佛教的西方人談論佛教。

我的真實心情是，面對 21 世紀，我和大家懷着同樣的目的，和大家一起來思考佛教思想能對世界作甚麼樣的貢獻。

第一次演講結束的時候，我向出席的人們獻上一段我青春時代就愛讀的愛默生歌頌友情的美麗詩篇。

愛默生曾在充滿創造活力的 19 世紀的哈佛大學學習。

他説：“獨立思考吧！這樣，到處都會充滿友愛，成為神聖的場所。”（《哈佛的世紀》村田聖明、南雲純合譯，早川書房出版）

他還説：“團體是一個人物伸長的影子。”（同上）

哈佛確實變成了充滿了這樣聰明友愛的神聖的場所。它產生了愛默生，映出了他長長的影子。不，充滿了每一個畢業生的影子。

演講完畢。在一瞬間的寂靜之後，響起了熱烈的掌聲。我感到不好意思。

評論員登上講壇。

奈伊教授接受了我的主張，認為日本一直在懷疑和過度信任之間動搖，並尖銳地論及"軟實力不是競爭力，而是協調力"。

並且還說，我希望注意日本行使甚麼樣的軟實力，以及如何理解演講中談到的哲學性、精神性這些帶普遍性的用詞。

最後，根據日美關係會引起某種議論的時機，這樣結束了評論。

"關於軟實力，今天的講話進一步深化了其概念，具有啟發性。我殷切地希望，不僅在這裏（擁有哈佛大學的劍橋），而且在東京也能聽到。"

我談到要把硬實力變為軟實力的時代潮流變為不可逆轉，這是生活在現代的人們的歷史使命。卡特教授接受了我的這一觀點，並考察了美國的職責。

他列舉了三點"冷戰結束後的國際安全保障"、"國際經濟的變革"、"人類的行動帶來全球性的生態系統的變化"。

他認為，現在是革命性的變化正逼近錯綜複雜的狀態。僅憑一個國家無法解決的問題堆積如山。他說："希望能夠確定採用軟實力的時代潮流。"

饒有興趣的是最後說的話：

"現代，可以說是充滿許多機遇和變化的時代。換句話説，對於那些思考世界、考慮採取體行動的人們來説，這是非常美好的時代。"

❖ 站在"機遇和變化的時代"的前頭

演講已經過去十年了，無需列舉現今的 IT（信息技術）革命。以信息為首的軟實力，已經戲劇性地改變了社會結構。互聯網能在一瞬間把人們和全球聯絡起來。因此可以説，時代已經到了越發要求每個人都具有嚴於律己、關愛他人的內發性的力量。

SGI（國際創價學會）成立以來，已經 27 年了。民眾謀求人類利益的軟實力，已經擴展到世界 180 個國家和地區。我真想自豪地説，我們確實是站在"機遇和變化的時代"的前頭。

1998 年來日的"印度文化國際學會"理事長、著名的哲學家羅凱修·錢德拉博士，也向我發出期待的聲音説："現在創價學會用文化和教育的'軟實力'把世界聯結在一起，締結了各國友好的紐帶。"

另外，日本的電通總研選擇了"軟實力"作為"關鍵詞"。這對我們也是記憶猶新。

在做第一次演講之前，我曾和哈佛大學第 26 任校長魯登斯坦先生懇談。

他以第一名的成績畢業於普林斯頓大學，出身於平民。他兼具知識分子的才智和平民的心，所以對他出任校長，人們說這是"哈佛大學的幸運"。

我直率地問他說：

"在變化強烈的現代，大學教育最要重視的是甚麼？"

"有兩點"。他的回答也簡明扼要：

"首先，學生要掌握各個領域的基礎知識。

其次，學生對人生應具有自己的見解。有了明確堅定的人生觀，就可以靈活地適應環境變化，可以不斷地成長。"

說到這裏，想起了校長的母校普林斯頓大學。在本世紀初，該大學的校長伍德羅‧威爾遜推進大學改革，引入了學院制。人們都知道這是一次創造性的嘗試。這個小班教學方法後來也為哈佛大學、耶魯大學所採用，成為美國的大學廣泛採用的一般的教學方法。

順便提一句，威爾遜校長後來成為美國第 28 任總統，在第一次世界大戰等激烈動盪時期，執掌政權。以提倡創立國際聯盟和獲得諾貝爾和平獎而聞名。

傑出的教育家威爾遜校長說過這樣的話：

"能把一個國家正史上的地位給予大學的，不是學問，而是服務精神。"（《哈佛的世紀》，村田聖明、南雲純合譯，早川書房出版）—— 我感到這句箴言正是大學存在的骨骼。

這是把高尚的大學的使命和深刻的人生觀互相對照的名言，與魯登斯坦校長在前面說過的話互相共鳴。要為眾人獻身，為社會的服務忘記了這一點，就不可能有大學。

❖ 創立波士頓 21 世紀中心

第一次演講兩年後的 1993 年 9 月，我作了第二次演講。關於這次演講，以後還會有談到的機會。那次在波士頓逗留期間，不期第一次邀請演講的肯尼迪政治研究生學院特別表彰了我對學術的貢獻。

表彰我加強與世界最前端的學術教育界緊密團結，共同探討為時代、社會和人類造福的指標，並將其留存後世。對此，我不禁感到深深的感謝和喜悅。

我懷着要建設新的"地球人的網絡中樞"的願望，趁此機會，在"世界理智的首都"創建了波士頓 21 世紀中心。

2000 年 2 月。

聽說哈佛大學佛教入門講座的論文考試，是以我的著作《我的釋尊觀》（*The Living Buddha*，意思是"活着的佛陀"）為中心，出了以下的考題：

第一題是"池田 SGI 會長為甚麼把這部著作的書名定

為《活着的佛陀》"？第二題是"活着的佛陀"是指誰？

開講座的哈里西教授是以《我的釋尊觀》為教材來講課的，論文考試也用了這本書。

他從"釋尊是人道主義者"的視點出發，重新理解佛教思想，並通過由此獲得到的智慧，探索將生活在未來的"人的價值"。這是一次寶貴的嘗試。

哈佛高深的佛教研究的傳統，日益為朝氣蓬勃的新世紀的年輕一代所繼承。我感到無比高興。

2001年5月，美國創價大學建校，奧蘭治郡的校園裏張掛着四條指導方針。即：

一、培育"文化主義"的地區領導人

二、培育"人本主義"的社會領導人

三、培育"和平主義"的世界領導人

四、培育自然和人類共生的領導人

總之，一切始於教育，終於教育——這是我的信念。

為了戰爭的教育，為了科學的教育，為了經濟的教育……偏頗的扭曲的教育，是把20世紀帶向絕路的重要原因。

教育始終是為了人，為了人類的幸福與和平。

在現在這樣的時刻，我希望能想到這個不言而喻的道理。

我做夢都想着明朗的創價大學、美國創價大學的發展，並決心這麼做。

　　大學的真正價值取決於畢業生。畢業生會把大學變成第一流。為了無數接踵而來的 21 世紀的青年們，我願把我的人生全部奉獻給他們。

二

和平的敍事詩

（1992～1993）

發自精神大國印度

訪問印度，鮮明強烈地感覺到，在悠久的歷史中，時間確實是真實地來了，又真實地過去。而且，過去、現在乃至未來都微妙地融合在一起，在眼前脈動着。

色彩是真正的原色。花的顏色鮮艷奪目，充滿了生活的每個角落。

空氣中好像撒滿了許多香辣調味料，芳香刺鼻。這種氣氛，令人想起民間形形色色的哲學家個個都隱藏着自我主張。

走到德里古老的街頭，可以看到人們默默地佇立在道旁，人力車在奔跑，牛兒悠然漫步，汽車在其間不停地穿梭。

這可以説是一種喧囂中的靜寂吧。在熱鬧的街頭，"生"與"老"渾然一體，在日常生活中映現。

即使是"病"和"死"也裸露橫陳在眼前，也要自那裏追問人生的意義，加深對精神的探究……

遙遠的釋尊"四門出遊"的故事，現在又在現實中擺在眼前，不由得不讓人真摯地思考"活着為甚麼"。

人們呼籲，不要逆時間而動，要凝神注視人生的深層。不拘泥於細枝末節，還有更重大的事情。

印度這樣的精神風土，產生了釋尊，成為聖雄甘地活動的舞台，吸引了世界的理性。

我也無比地喜愛這片佛法源流的天地。

❖ 甘地的真髓

1992 年 2 月，時隔 13 年我再次訪問印度。

我接受了印度文化關係評議會、甘地紀念館、印度文化國際學會、國際文化開發協會四個團體的邀請，第五次訪問印度。

這次訪問，我給自己出了一個課題。

人類的導師釋尊發出人本主義的呼喚以來，已經過去了兩千多年。以他的教導為源泉，甘地打出了"非暴力"[1] 的思想和行動。

印度卓越的精神系譜連綿不絕，傳承到被詩聖泰戈爾稱頌為"聖雄（偉大的靈魂）"的甘地。

1　非暴力，來自梵語。是印度的宗教，倫理的基調思想。本來的意思是"不殺生"。是支撐甘地運動的根本理念。

這對人類的未來，將會綻放出怎樣絢麗的光彩？

面臨 21 世紀，我想再一次探問。

2 月 6 日，從泰國的曼谷抵達印度的新德里。

第二天，我立即拜訪了印度文化關係評議會。之後在西庫里長官的陪同下，向甘地陵獻了花。

亞穆納河穿過印度的大地，緩慢地彎彎曲曲地從德里市內流過。河水也是褐色的，流量也不小。河畔的甘地陵是甘地遺體火化的地方。

聖地的四周圍繞着石牆，像是一座翠綠鮮艷的大公園。造成正方形的石牆，青草叢生，說明經歷過歲月。

時近黃昏。雖說是 2 月，德里的白晝還是相當熱的。白晝的熱氣正徐徐地消退，涼風開始吹起。

修剪得整整齊齊的草坪，增添了安魂的氣氛。綠色聖地的中央，有一塊打磨成四方形黑色大理石的"甘地碑"。黑色的碑基石上，獻上的鮮花的色彩顯得格外鮮艷奪目。

我走到碑前。碑的正面只刻着一句話："唉，神啊！"

1948 年 1 月 30 日的傍晚，甘地從暫時居住的比魯拉家府宅去祈禱的途中，被暴徒的三發子彈擊中倒地時，像呻吟般吐出這樣的話。

第二天 ── 31 日，幾十萬悲傷的送葬的人們，在熊熊烈火的面前，親眼目睹了聖雄甘地永不消失的熱烈的見證。

甘地臨終說的話語，是想要說甚麼呢？

在逗留期間，我與文卡塔拉曼總統會見時（2月14日），極其自然地問起這個話題。

總統從青年時代起就與老師甘地並肩戰鬥，是一位年逾八十、身經百戰的鬥士。他眼鏡後面的眼睛深處，充滿了追憶的光輝。他說："甘地的腦子裏總是有着對'神聖事物'的關心，不停地祈禱。所以我認為，在人生的最後的一瞬間，這成了這樣的話語。"

這樣的解釋還是可以令人心服的。

甘地不是特定的宗教的信仰者，但對所有的宗教都予以尊重。

特別是在宗教修行的道場做晚間祈禱時，總要唸誦一句"南無妙法蓮花經"。

總統還說："一般來說，很少有人既是社會運動家，同時又具有宗教性。但是，甘地確實是具有偉大的宗教心的社會運動家。"這種"宗教性"正是甘地的真髓，是民眾支持的源泉。

甘地對神聖事物的關心及其宗教性，可以說是出於他要喚醒眾人內在的精神力量的願望。

而且，這種理念是與會引導出平等地存在於所有人心中的偉大精神性的釋尊的哲理，是相互共鳴的。

甘地陵籠罩着一片深沉的寂靜。在聖地的中央，面對佇立在稍微低窪處的石碑，我獻上追悼的祈禱。

我在留言簿上寫了如下的話：

高貴偉大的靈魂

永遠是民眾的太陽，光輝救世

黃金般的光輝，黃金般的靈魂啊

面對這"黃金般的靈魂"，我繼續進行"對話之旅"。

❖ 爭取沒有戰爭的世界

這次訪印的重點之一，是受印度著名的甘地研究機構 "甘地紀念館"的邀請來演講。

時間是 2 月 11 日，會場是新德里的印度國立博物館講堂。

演講題目是"爭取沒有戰爭的世界 —— 甘地主義與現代"。

對着講堂的正面，右邊裝飾着甘地生前身披樸素的白衣，拄杖向民眾中走去的畫。

我在演講中要呼籲的事，簡單地說，就是"甘地復興"，即復興甘地主義。

我有一個痛切的想法：要解決現代世界的課題，就必須要進一步發揮甘地思想的真正價值。

甘地的存在，其本身就是一個"事件"。僅僅一個人就能具有這麼大的衝擊性，這是個千真萬確的事實。我們不能把這個"事件"掩埋在 20 世紀的歷史中。

甘地的思想和行動與南非前總統納爾遜·曼德拉的獄中鬥爭，可以説是"20 世紀的奇蹟"。並且兩者都應當作為"21 世紀的榜樣"繼承下來。

其中有着取之不盡的啟發覺醒與變革的具體事例。必須經常不斷地進行新的實踐和嘗試。因為它具有任何時代、任何地方都通用的普遍性價值。

我就是懷着這樣的思想，講述了甘地所提出的主張的歷史意義。不，我認為還講了它的現代意義，乃至未來意義。

"2 月 11 日"我演講的那天，對我來説，有着深深的感慨。無需多説，這一天是戶田城聖先生 (創價學會第二任會長) 的生日。

第二次世界大戰期間，甘地進行了最後的獄中鬥爭。幾乎與此同時，我的恩師也與日本的軍國主義對立，身陷囹圄。

恩師辭世兩年前的新年，曾吟過這樣的短詩：

　　　　民望雲開能見月
　　　　我送太陽照亞洲

他想到佛教發祥和傳播的天地，殷切地希望能給動亂中的亞洲的民眾送去"佛教西還"[2]的光芒。

　　〈諫曉八幡抄〉[3]是恩師喜愛的大聖人日蓮的一篇遺文，是他深厚信仰的源泉。他經常大聲朗誦其中的一段："月自西向東，月氏佛法東流之相，日出自東方，日本佛法還歸月氏之瑞相也。"

　　我的心中不知不覺地聽到了恩師那令人懷念的清嗓子的聲音。我的心境就如同和恩師兩人一起身臨這講台。

　　在演講中，關於應當繼承到未來的大海般的甘地主義的特徵，我概括為"樂觀主義"、"實踐"、"民眾"、"總體性"四點，作了論述。

　　演講之後，大學基金委員會主席拉默·雷迪先生起來發言，就演講的內容，談了自己以下的感想：

　　甘地對於人性寄予了莫大的信任，對於自己的行動抱有信心。歸根結底，真實是最重要的。所以他是"樂觀主義者"。

　　與此同時，他是個行動派。終其一生，沒有虛度歲月。

2　佛法西還，意思是在印度誕生的佛法自印度向東傳到中國，再傳到日本。稱為"佛法東漸"。末法時代反過來自日本向西歸還印度。日蓮大聖人的〈諫曉八幡抄〉、〈顯佛未來記〉等遺文中都有解說。

3　〈諫曉八幡抄〉，日蓮的遺文。日蓮在遺文中預言"佛法西還"。意思是，如同釋尊的教義傳播到東方，日蓮的教義也會從日本普及到西方。（《日蓮大聖人御書全集》，創價學會出版）

他的哲學都與行動緊密相連。

還有，甘地直接與民眾溝通。在沒有電視的時代，用自己的語言與大眾交談。

之後，甘地的直系弟子潘德副主席把一尊甘地的胸像贈給了我。

柚木的台座上雕刻着甘地領導的運動的象徵——紡車，刻着極有啟發性的話語：“要進行新嘗試的人，首先從自己開始吧！”

我們創價的運動，也是牧口常三郎先生（創價學會第一任會長）作為一種新嘗試，首先由自己開始的。戶田城聖先生繼承下來，才有了今天。

拉達克里希南館長在總結演講會時，對我們的運動極其讚賞地說：

“在世界各地實踐甘地期望的行動，繼承甘地偉大的業績。”

在會場裏，我和一位氣質高雅的女性在寒暄。她是來賓之一，是甘地的孫女巴塔查里婭女士。她評論説，演講有着對美好的心靈的共鳴。

❖ 把"非暴力"作為人類普遍的規範

考慮到世界形勢，現在是最需要"復興甘地主義"的時候。

隨着蘇聯的解體，市場經濟已覆蓋全世界，經濟效益和經濟價值優先的"劃一主義化"也在迅速發展。與此同等速度發展的是民族主義和原教旨主義的抬頭。

從一個層面來講，這兩個動向的關係，就如同一枚硬幣的正反兩面。也就是說，對於"經濟方面的劃一主義"，那些對自己存在的保證感到不安的人們，加強了以"民族"和"國家"為堡壘，要歸屬於它的傾向。

甘地的嘗試顯然與此不同。

近代資本主義經濟以大量生產和大量消費無限地擴大了人們的慾望。

與此相反，甘地是力爭抑制慾望。

其象徵，就是使用存在於印度社會、普通印度民眾日常慣用的"紡車"。

"非暴力"也是同樣。它是一種論理的、實踐的態度，是從印度傳統的宗教生活規範和平民具有的思想中，抽出一種"不殺生"的教導，以非暴力來抵抗近現代的世界戰爭。

這看起來好像很軟弱，實際上很強大。

馬丁·路德·金博士和南非前總統曼德拉的行動，也是出自同樣的嘗試。

我強烈地感到，現代是暴力橫行、力對力的邏輯流行，所以非暴力必須成為人類普遍的規範。

甘地希望從印度民眾熟悉的事物中，找出世界普遍通用的價值。他的眼光總是離不開民眾。

眾多民族共生的世界，正如甘地所實踐的那樣，是各個民族和集團把自己的特徵和傳統廣泛地向全世界的人們開放，並作為繁榮的因素，提供給世界。

很榮幸，正如當地的報紙報道的那樣，對我的演講發表了很多評論，稱它"在現代使甘地復活了"。

印度的現實也有着核開發、恐怖主義等各種各樣的課題。正因為如此，他們對我把"樂觀主義"列為應當從甘地那裏繼承的首要的遺產，表示了極大的共鳴。

演講的前一天，我拜會了以哲人政治家而聞名的副總統夏爾瑪（後為總統）。他也是印度文化關係評議會會長。

他是一位從青年時代就參加了獨立鬥爭的鬥士，經歷了印度爭取獨立的激烈的過程。

當問他"在您波瀾壯闊的人生中，最高興的事是甚麼"時，他回答說："那是印度獨立，獲得了自由，迎來了自由的黎明。"完全表達了他當時高昂興奮的心情。

對於問及"在您的人生中，最悲傷的事是甚麼"的問題時，他艱難地以低沉的語調說："那是甘地被暗殺。和平的使者被暴力殺害了。這只能說是一場諷刺的悲劇。"

演講後第三天，我在甘地紀念館追悼了甘地殉難的"死"。

現在的甘地紀念館，原是甘地的熱心支持者比魯拉先生的府邸，仍然保持着它原來的樣子。

拉達克里希南館長領我走進一樓最裏面一間格外簡樸的屋子。

木板牀、小枕頭、粗陋的牀墊子、沒有修飾的方桌。暫住在這裏的甘地，在這間屋子裏度過了最後的 144 天。

在決定命運的那一天傍晚，為了做日課的祈禱，甘地向庭園內的集會場所走去。甘地已是 78 歲的高齡，加上由於絕食，身體非常虛弱。他用手抓住一位親戚婦女的肩膀，一邊擔心已經遲到了，一邊走着。他總是這樣走向民眾。這時，三發子彈使白衣染紅了鮮血，瘦弱的身軀倒了下來……

"唉，神啊！"

我們從門口走到室外。房間的門一打開，光線一下子射了進來。在通往殞命場所的小路上，印下了甘地的足跡。

館長說："沒想到這竟成了甘地一生最後的足跡。"我們循着一步一步的足跡，向着刻有最後遺言的石碑走去。

妻子脫下鞋子，把一朵鮮花奉獻在石碑的台座上，深深地祈禱冥福。

館長好像要消除悲傷似地說：

"他的面容從容微笑，好像睡着了似的安詳。"

我想起了剛才進入館內時，看到的放在正面玻璃櫥裏的甘地座像的那安詳的面容。瘦小的甘地在圓圓的眼鏡後面低垂着眼睛，帶着非常平靜的表情在冥想。

我說："釋尊也經常教導我們要凝視自己。"館長深深地點了一下頭，說：

"他們倆都相信祈禱的力量、愛的力量，都是對民眾慈愛的人。"

❖ 實踐釋尊的教義

訪問印度前後，我的身邊放着一本常讀的書《印度的發現》（岩波書店出版）。作者是繼甘地之後，領導印度獨立的人道主義者尼赫魯。他是在被關進阿弗瑪德納格爾要塞監獄的痛苦的日子裏，寫了這本書。

印度曾給世界送去偉大的精神的光輝，給人類文明史增添了絢麗的光彩……可是，現在的印度卻極其混沌。

"一定要發現偉大的印度，使它重新復甦。"——是他在獄中下了這樣堅定的決心，產生了這部大作。

當然，尼赫魯的筆也寫了釋尊的新鮮的教義和充滿活力的足跡。

例如有這樣的一段話：

"在正在改變印度面貌的政治與經濟的變革的背後，有着佛教的發酵、佛教對古老的早已確立的信仰的衝擊以及佛教對既得權力的鬥爭。一個人極其偉大、光輝的人格，會遠遠超過印度經常喜愛的討論和議論，給國民留下強烈的印象。"(辻直四郎譯)

"一個人的人格"的光彩會照耀時代，引導歷史。

文卡塔拉曼總統也跟我談過：

"釋尊出現之前，印度教中從未強調過非暴力和不殺生。

但是，釋尊的教義一傳開，就造成一種非暴力是有效思想的氛圍。所以，是印度教汲取了佛教的教義。"

他明確地指出釋尊是非暴力、不殺生的精神源流。

可是，這樣的佛教為甚麼消亡了呢？

尼赫魯看得很透徹。他說：

"佛教在印度是自然死亡的，或者毋寧說是逐漸消亡的。變成了其他別的甚麼東西。"

"(佛教)在弘通的範圍內所獲得的東西，其質量和特色都逐漸低下，最後消亡。寺院變得富裕了，成為可以繼承的利權的中心。而且其戒律寬鬆了。魔術和迷信不知不覺地侵入了通俗的禮拜形式之中。佛教在興起的最初一千

年之後，印度的佛教就逐漸墮落了。"(辻直四郎譯)

佛教的衰退是由於僧侶脫離了本來應該救濟的民眾，坐在寺院中貪戀利權的醜態。或者沉湎於儀式和日常習俗之中。一切都是為了利權。墮落的僧侶們把釋尊要進入民眾之中進行救濟和善導的慈悲和行動，全都踐踏在地。

在印度，甘地才是繼承了真正的釋尊精神水脈的人。

尼赫魯強調：

"甘地了解印度，特別是印度的民眾。從過去到現在，像他這樣了解的人即使有過，但也鳳毛鱗角……關於印度的思想與歷史的發達，甘地根據揚長避短的見解，認為非暴力儘管有過很多偏頗，但仍是基本原則。"

甘地一直同"為宗教的宗教"、"為宗教的人"作鬥爭，最後殉難了。

在甘地紀念館歡迎我的潘德副主席說："甘地實際上是實踐了釋尊的教義，所以池田會長在印度宣揚甘地精神，要把釋尊和甘地聯在一起。"

潘德先生能明確地這麼說，因為他是直接受過聖雄的薰陶，豁出性命堅持走弟子之道的最大的元老。

❖ 實現非暴力社會

現在，美國 SGI（國際創價學會）的青年們正在開展
“戰勝暴力”運動，擴大非暴力的呼聲。

2000 年 2 月召開“非暴力青年最高級會議”的時候，
甘地的孫子阿隆‧甘地先生來丹佛出席了這次會議。

阿隆先生擔任甘地非暴力研究所所長，聘請我擔當該
研究所的負有重大使命的國際評論員。

阿隆所長向美國 SGI 的青年們介紹了祖父甘地囑託的
話——“要克服憎惡！”

與會的一個人坦率地問道：

“非暴力社會能夠實現嗎？”

阿隆所長滿臉露出令人想起甘地的笑容，凜然回答說：

“當然能夠！因為認真鬥爭過的人後面，會有很多人繼
承。祖父是懷着這樣的信念戰鬥的。我也是同樣。”

我很自豪地認為：SGI 在世界各地開展的運動，正是
“要讓‘聖雄（偉大的靈魂）’在 21 世紀發揚光大的鬥爭”。

中東之旅 —— 埃及、土耳其

　　這次訪問人類文明的源流 —— 埃及首都開羅，其實是相隔 30 年的再訪。

　　1992 年 6 月 14 日下午 7 點半，我們抵達開羅國際機場。

　　儘管是星期天晚上。這次文化交流的邀請方埃及文化部的戈涅伊姆副部長、國立文化中心的安薩利會長夫婦、開羅歌劇院的扎吉總裁等許多人士都來迎接我。

　　對他們熱情的歡迎，我深表感謝，並作了簡短的致辭：

　　"文化是生的證明。是真正的人的根本。沒有文化，偏重經濟，會把人變成動物。從這個意義上來說，貴國是繼承了來自人類源流的文明智慧的'文化大國'、'心靈大國'。也可以說是'幸福的大國'。

　　'文化的勝利'才是'人的勝利'。

　　我是懷着作為貴國的'一個國民'的心情來拜訪的。我的國籍是'世界'。作為世界公民，我們的行動是為了能讓貴國的人們感到高興。"

皓皓的明月在天上發出光輝。這天晚上是滿月。

月光映照在歷史悠久的尼羅河的河面上。這是哺育了歷史大國埃及的"文明的大河"。它發源於遙遠的維多利亞湖。流經全長 5600 公里的漫長之旅，注入地中海。途中經過北非沙漠 2700 公里，宛如在乾燥的土地上劃上一條令人注目的"生命線"，孤傲地悠然北上。

這條大河在入海口附近培育了刻印着伊斯蘭 1300 年傳統的大都會開羅的繁榮。不，正如從遙遠的 4000 年前的金字塔上面所看到的那樣，它締造了雄偉的人類文明的歷史。

那天，尼羅河上噴射出來的壯麗的噴泉的亮光，也洋溢着夢幻般的美麗。

滿月，尼羅河，夜晚的噴泉 —— 在締造了人類最高峰文化的埃及的第一天，宇宙奇妙的韻律和波長，把友人們的心靈緊緊地聯繫在一起，不斷地加深友誼。

❖ 關於"金字塔之謎"的對話

第二天早上，我從尼羅河畔下榻的地方，發現越過市區的高樓大廈，永恆的城堡金字塔的雄姿就顯露在那裏，於是我按下了相機的快門。

我想起了 30 年前（1962 年）初次訪問此地的情況。

我當上會長的第二年的 2 月，我剛 34 歲。恰好是在大阪事件第一審中，獲得大阪地方法院判決無罪的勝利之後不久。

對於這次判決，控方沒有上訴，最終確定了無罪。我正是在開羅這個地方首先接到這個消息的。

那是一次要在 15 天內歷訪伊朗、伊拉克、土耳其、希臘、埃及、巴基斯坦中近東六國的急行軍。

由於這次機會，我眼看着金字塔，跟同行的青年們發出了這樣的感慨：“結果，我感到最偉大的是人的創造力。”

後來，我曾和世界著名的金字塔學者對談過，關於金字塔，我感到越是學習，越發加深我最初的直覺──它是一種“偉大的創造力”。

在這次旅行中，趁着各種活動的間隙，請他們領我去了開羅近郊的吉薩，看了那裏的胡夫王、哈佛拉王、門卡烏拉王的三大金字塔。

看着強烈的陽光照耀下的金字塔羣，我和吉薩金字塔區遺蹟監督官薩姆埃爾女士圍繞各種謎團，進行了對談。

“為甚麼是呈三角形的四角錐？”“設計者是甚麼人？”“建造的石料是從哪裏運過來的？”“在進行這麼大的工程期間，人們的食品是怎麼解決的”等問題。無論問甚麼，她都立即明快地回答。

最後我問道：“對您來說，金字塔意味着甚麼？”她毅然地回答説："是我無比寶貴的畢生事業。我在這裏出生，在這裏成長。金字塔是我自身的一部分。"這是一種始終凝視永恆性的層面，同時又貫徹着自己使命的人生。女士的回答中，閃耀着這種崇高的人生的光輝。

金字塔投給我們的最大的根本性問題，也許可以説是"生是甚麼"、"死是甚麼"以及"永恆的生命又是甚麼"之類的謎。

埃及的歷史是人類最古老的歷史。因此不得不自己創造一切，開闢新的道路。

即使想學習，也沒有別的榜樣。關於這一點，埃及的教科書中自豪地寫道：

"歷史的黎明以來，埃及就向世界傳播着學問和知識。她手中高擎着光明和文明的火炬。埃及人用自己的力量開拓自己的生活。也就是説埃及人沒能找到可供學習或拿來模仿的東西。

因此，埃及人最初所做的事就是自己創造文明，並把它分配給人們。"（《埃及 —— 世界的教科書 = 歷史》E·R·哈拉茲等著，池田修編譯，賀羅布出版社）

歷史上最大最古老的金字塔，裸露在熾熱的風沙中，超越了幾千年的"歲月的風霜"，它確實是"升天的梯子"，"通向永恆的台階"。

它是古代建築技術、天文知識、幾何學的結晶，是"世界七大奇蹟"之中唯一現存的"奇蹟"。

拿破崙鼓勵遠征埃及的士兵曾說過這樣一句非常有名的話："諸位,四千年的歷史在看着你們。"

湯因比博士也說:"在人類滅絕之後,金字塔恐怕還會存在。"

我賦下面的詩:

歷經多少世紀的風霜

仍然巍然屹立

高傲的王者之城啊

皓皓滿月升上天空

世界的文明

再次光照埃及

霍斯尼文化部長是國際知名的畫家,他和我在日本相會之後成為關係親密的朋友。這次我們再次會見,進行了愉快的交談。他說:

"我希望國與國之間不僅要有物質的交流,還要進行'精神的交流'。"我跟他說:

"讓我們共同用文化的力量在這個地球上建造雄壯不朽的'心靈的金字塔'吧。"

部長表示贊同，這是毋庸贅言的。

6 月 16 日，在亞歷山大王 2300 年前建造的城市亞歷山大城，穆巴拉克總統會見了我。並在拉斯埃丁宮圍繞"中東的將來與國際新秩序"和我交談了約一個小時。

在即將到來的 21 世紀的現代世界中，中東和平是最為棘手但必須要解決的世界性重大課題。

2000 年 7 月在沖繩舉行八國首腦會議前後，以色列的總理巴拉克和巴勒斯坦自治政府主席阿拉法特，在美國總統克林頓的斡旋下，一直在美國的戴維營進行談判，這是眾所周知的事實。

穆巴拉克總統認為解決中東地區諸多問題的關鍵是"持續談判"。他說：

"正如世界的歷史所證明的那樣，現在已經到了不可能靠'武力'來解決問題的時代了。'談判'是必要的。彼此要直接坐在對話桌前，堅忍不拔地進行談判。這是我們的信念。

通過談判來解決的道路，當然不是很容易的。不一定要用玫瑰色來裝飾它。但是要解決難題，必須要'忍耐'。提出方案，還要接受方案。只能不斷地如此反覆。不能'凍結'對話的努力。"

"我經常對阿拉伯兄弟們呼籲'談判'的重要性。大家都需要開誠佈公進行談判、對話，提交方案，把自己的觀點告訴別人。否則就孤立，（自己的觀點和主張）就會被人忘記。」

總統的談話提出武力時代的結束，除了對話別無他路。充滿了深刻的實際感受。我懇切地希望，今後也要克服歷史的桎梏，進行堅忍不拔的對話。

❖ 最偉大的建設是人性的建設

「池田會長，我們到陽台上繼續去談吧？」

會談開始後不久，總統打開了房門。一幅地中海的立體全景畫展現在眼前。深藍的大海上，波光閃耀，碧藍的天空也很美麗，沒有一絲雲彩。在四周的濤聲中，我們興奮地交談着。

「地中海（陸地中間的海洋）」正如它的名字所表明的那樣，歐洲、非洲、亞洲三大洲是由這片「文明的海洋」聯結在一起的。希臘羅馬世界和東方國家、阿拉伯世界以及基督教世界，各個世界都以地中海為舞台進行交流的。亞歷山大王建造的亞歷山大城，自古以來就是這種交流的中樞城市，是埃及的繁榮象徵。

位置不詳的亞歷山大王墓地是不是就在和總統會晤的宮殿之下呢，也成為了我們交談的話題。總統笑着說，在座的霍斯尼文化部長很清楚。

在以 7000 年文明而自豪的埃及，也許是思考的時間單位也大，思索的內容也很深吧。霍斯尼文化部長輕描淡寫地說："亞歷山大王的時代，對於我們來說，也不算怎麼古老。"開羅考古學博物館的梅·托拉主任也說過"幾百年的歷史，確實很短呀"。

在和總統會見時，教育問題也成為交談的重點。我對埃及為教育改革所做的努力給予了很高的評價，並說：

"最偉大的建設是人性的建設。教育是注入未來的'繁榮興盛大海'的大河源流。"

這次訪問推進了這方面的交流。簽訂了創價大學和國立開羅大學之間的學術教育交流協議。

開羅大學的學生人數已超過 14 萬，是中東非洲最大的大學，是眾多英才輩出的名校。

和總統會見的第二天，我拜訪了埃及音樂藝術之府開羅歌劇院。他們為我舉辦了"埃及文化象徵獎"的頒獎儀式，國立文化中心贈給了我"名譽會員證"。

這項榮譽是他們高度評價我在人與人之間搭建文化交流的橋樑（包括我邀請埃及各藝術團赴日演出等）所作出的貢獻而授予給我的。聽說我是繼埃及諾貝爾文學獎獲得者馬赫福茲之後第二個、作為外國人第一個獲得此項殊榮的人，頗感惶恐。

對於在後面堅忍不拔支持民音的穩健的音樂運動的同志們，我表示衷心的感謝。作為他們的代表，我恭謹接受了這項殊榮。

對國立文化中心的安薩利會長夫婦、開羅歌劇院的扎吉總裁和 400 位客人，我發表了謝辭。

"貴國有着如初生旭日般無限的創造性，有着柔美月光般神秘的浪漫。

有着威風凜凜的金字塔般的王者風格，並且有着氣質高雅的蓮花般高潔的人心。

要說起來，貴國是'人類珍寶之國'。"

"開羅這個名字聽說意味着'勝利'。我希望和大家一起朝着'文化的勝利'、'教育的勝利'以及'人性的勝利'這個目標，把民眾的雄壯團結加以擴大。"

這天晚上，在民音和開羅歌劇院的合作下，在歌劇院大廳盛大地進行了日本·埃及的聯合演出。

以埃及為舞台的歌劇名作"阿依達"開始了演出。由開羅交響樂團演奏，埃及首屈一指的獨唱演員們熱情歌唱。

100 人的開羅合唱團歌唱着埃及的光榮，我為這和聲所傾倒。國立阿拉伯音樂合奏團和 60 餘人的合唱團一起，開始莊嚴地歌唱"東方的祈禱"。

東方的天空喲
將陽光遍灑向天下吧
想起東方吧
在那正道和閃耀的日子裏

這是壓軸的演出。日本一方是民族舞蹈和大鼓演奏。場內掌聲不絕。

我這樣記下那天的情形：

文化是世界上永遠的彩虹
文化是人類幸福的大地
文化是和平絢爛的大花

❖ 亞洲和歐洲邂逅的城市

在埃及是非常緊張的日程，6 月 14 日傍晚抵達，結束兩個城市的活動，4 天之後的 18 日中午剛過就要啟程。但是期間凝結了一個又一個的邂逅，留下了深刻的歷史性回憶，我對此感謝不已。

下一個訪問地是土耳其的伊斯坦布爾。從開羅乘飛機兩個小時多一點就到達了。

在亞洲和歐洲邂逅的這個城市，我參加了“伊斯坦布爾國際藝術節”，拜訪了伊斯坦布爾市長，參加了“伊斯坦布爾獎”頒獎儀式，與土耳其國民音樂家巴爾斯・曼秀先生進行了對談，與土耳其外交部長會晤。

還在首都安卡拉的建國之父阿塔圖爾克廟獻了花，參加“與自然對話”攝影展開幕式、土耳其文化部舉辦的“文化榮光之盾”頒獎儀式，與文化部長等人會晤，與在安卡拉大學留學的創大生懇談，參加國立安卡拉大學授予我名譽博士稱號的儀式，並作了紀念演講。參加了土耳其語版的《展望 21 世紀》（英語標題為《生的選擇》）出版慶祝晚會，參加畢爾坎特大學授予我“榮譽獎”的授予儀式等，是不次於在埃及的意義非凡的充實的急行軍行程。

隔斷亞洲和歐洲的博斯普魯斯海峽橫亙其間，伊斯坦布爾是東方和西方巧妙共存的神奇都市。

是世界上能同時看到從亞洲升起的朝日和向歐洲西沉的落日的獨一無二的天地。

土耳其的湛藍天空變成淡藍色，不久又變成紫色。散發着灼熱的光芒，給予地上一切事物光芒的太陽，結束了自己的任務，把博斯普魯斯海染得紅彤彤的，沉沒了。

於是繁星的舞台拉開了序幕，濤聲陣陣的大海上，吹來了清爽的涼風。

這是歷史上三大帝國（羅馬帝國、拜占庭帝國、奧斯曼帝國）的首都，具有 2600 年歷史、1000 萬人口的土耳其最大的文化都市。

6 月 20 日，與土耳其國民音樂家巴爾斯·曼秀夫婦眺望着博斯普魯斯海峽談話的情景難以忘懷。異地獻演之後，我們這是第一次見面。

他長髮飄揚，談話時神采奕奕，創造力充沛，與這樣"太陽般的歌手"談話本身就是名曲一般，充滿韻律，和諧無比。

他的當紅節目電視節目"從七歲到七十七歲都和巴爾斯·曼秀在一起"（星期日播送）據說受到大約 3500 萬人的喜愛。土耳其的人口大約 5800 萬人，從這點可以知道曼秀的人氣之高。出道以來的 27 年間，發行唱片達到 5000 萬張。

他的電視節目三分之一是面向孩子們製作的。其着眼點、感性和知性都令人佩服至極。因為不停地認真考慮"祖國人民現在需要甚麼"，才絕對不會才思枯竭。

我說：

"為了人民，為了社會，為了孩子們，為了偉大的某個目標——從這顆火熱的心，獻身的真心，產生了打動人心的藝術。從曼秀先生的歌聲中我感受到了這樣的哲學，感受到靈魂的飛揚。

'人性'、'民眾'會感受到'一起活下去吧'、'一起幸福吧'的吶喊。這不是很重要嗎？"

曼秀先生説：

"孩子們是我們的‘未來’。我為了祖國的孩子們，會獻出我身上的最後一滴血。"

"藝術"是"人性"的表現。和"人格"是一體。

蔑視矯飾的人格和假象的藝術，悠然走在人性的王道上的音樂之王的形象閃閃發光。

現在已經去世的曼秀先生以下淡淡的話語，引起了我的強烈共鳴，令我難以忘懷。

"我想衷心地講一句。我不需要‘名聲’和‘地位’甚麼的。我的幸福就是人們對我的‘信賴’和‘熱愛’。"

❖ 湯因比博士起決定性作用的經歷

第二天和土耳其共和國黑庫梅陶・車廷外交部長會見時，外長強調説，土耳其在實現中東、EC（當時是歐洲共同體）、蘇聯等周邊地區的安全和合作方面，起着"心臟部位"的作用。

可以説，土耳其實際上具有聯結東方與西方、南方與北方不可思議使命的國度。

湯因比博士與我的對談集《展望 21 世紀》土耳其語版的出版，也成了談話話題。土耳其語版是世界第 15 種語言的版本。

翻譯是由前土耳其駐日大使阿洛克先生擔當的，我無比感謝。國立安卡拉大學出版局為出版付出了辛勞。

促進出版事宜的蘇真教授這樣評論道："這本書給人類帶來的是'挑戰的力量'和希望。這力量和希望不是給人類帶來不幸和絕望的未來，而是使之糾正錯誤向更好的方向前進。"

這本與湯因比的對談現在已翻譯成 24 種語言出版了。

事實上，湯因比博士在這片土耳其的土地上，認識到西歐文明以外的偉大文明，迎來了一生當中的轉機。

博士曾對我說過：

"我去視察從 1919 年到 1922 年的希臘・土耳其戰爭。然而直接觀察的結果使我得出一個結論：這場戰爭希臘一方是錯誤的，土耳其一方是正確的。"

"我那時已經是教授的職位了，既然親眼見證了實情，如實發表事實毋庸贅言，我覺得還有道義上的義務來表明關於這個問題是非的個人見解。其結果是我不得不辭去教授的職位。"

關於這一點我對土耳其外長這樣說：

—— 對於湯因比博士來說，那次土耳其訪問，成為了從歷來的"歐洲中心"歷史觀中蛻變的決定性經歷。光從西歐立場來看世界，不能知道'真相'。包括土耳其在內的東方也同樣有偉大的文明。無法說孰優孰劣。

據說那本著名的大作《歷史的研究》的整個構思也是從伊斯坦布爾這裏回去橫穿大陸的火車中產生的。博士在車中突破了此前執筆中的迷惑，把全部構思的目錄寫在一張紙片上。根據這個目錄，後來花費了 30 年的工夫，完成了畢生大作《歷史的研究》。

6 月 22 日，我從 2600 年的古都伊斯坦布爾飛到了新共和國的中樞城市首都安卡拉。

抵達之後，我立即拜訪了土耳其共和國建國之父穆斯塔法・凱末爾・阿塔圖爾克第一任總統的陵墓，獻了花。對總統為了民眾的"精神獨立"而度過的不朽一生，我充滿虔敬的心情，獻上了花環。

23 日在安卡拉國立美術畫廊，舉辦了"與自然的對話"攝影展的開幕式。

開幕式上，從厄扎爾總統以及德米萊魯首相那裏收到了祝福的溢美之詞。

厄扎爾總統夫婦在兩年前的秋天，為了紀念兩國友好 100 周年曾經訪日，那時我們在東京進行了親切的會談。在土耳其逗留期間，我也受到總統鄭重邀請，但是日程無論如何也無法調整。

因此，長子博正（SGI 副會長）以我的名義，拜訪了逗留在愛琴海邊的土耳其西南部的城市阿魯馬利蘇的總統夫婦。總統夫婦對我們成功訪問土耳其感到由衷的高興。

並且作為哲學家聞名的德米萊魯首相半年後來到日本，我們圍繞着強化兩國的友好關係等話題，進行了詳細的懇談。

關於湯因比博士和我的對談集（土耳其語版），首相笑眯眯地説：“已經讀完了。”

絲綢之路的“西端的土耳其”與“東端的日本”之間，建起了牢固的心靈橋樑，友誼萬古長青，我感到很欣慰。

❖ 與中東世界的“對話之路”

攝影展的第二天（6月24日），在遙望阿塔圖爾克陵墓的國立安卡拉大學，錫林校長、恰克久、庫拉圖爾、凱斯基諸位副校長在阿塔圖爾克誕辰100周年紀念講堂裏，為我舉辦了名譽博士稱號的授予儀式。

德米拉魯最高法院院長、伊斯皮魯高等法院院長等許多要人也參加了儀式。

我以“從文明的搖籃開始建設新的絲綢之路”為題做了紀念演講，論及凱末爾·阿塔圖爾克第一任總統提倡的“凱末爾主義”的全球意義。從“開放的精神”、“民眾基礎”、“教育引發的覺醒”這三個視點聚焦凱末爾主義，得出了一個結論：要從東西文明的十字路口土耳其開始建設

"文化"和"相互理解"的新絲綢之路。

回想起來，牧口常三郎第一任會長就在 20 世紀初帝國主義猖獗之際出版了《人生地理學》，提倡把"和平"與"人道"的團結擴大到全世界。

並且，戶田城聖第二任會長在冷戰激化的漩渦之中，毅然吶喊出"地球民族主義"的共生理念。

就是站在這兩位先生的視角上，和中東世界以及伊斯蘭社會打開"對話之道"，是我從青春時代就有的夙願。

這次中東巡訪，打開了真正的交流之門，使我無上喜悅。

後來，我與來自伊朗的德拉尼安博士開始佛法與伊斯蘭教的對話，博士作為夏威夷大學的教授，作為世界和平研究的權威，還作為戶田紀念國際和平研究所所長活躍在這些崗位上。我與他的對談集《21 世紀的選擇》於 2000 年秋天成為一本書出版了。

"文明間的對話"才是 21 世紀的人類應該不斷持續的第一課題吧。因為這才是把文明間的差異作為人類多彩的多樣性象徵讓其閃耀下去的第一步。

把金字塔的石頭一塊又一塊堆疊起來的先人們也在為了永遠的未來的建設中，充滿了極大的自豪。

我相信：新世紀的青年們會勇敢地繼續建造"永遠的和平"這一人類夢想的金字塔。

與羅莎・帕克斯女士的邂逅

那是 1993 年 1 月 30 日的下午。

一片歡迎的歌聲響徹美國創價大學洛杉磯校園。

"WE SHALL OVERCOME（我們終將勝利）……"

再過幾天就要迎來 80 歲生日的美國人權之母羅莎・帕克斯女士滿面含笑，很喜悅的樣子。

親見女士之後，女士心靈之深邃、強大、溫柔、燦爛都給我留下了強烈的印象。

"我經歷了好幾件令人難過的事件。種族歧視在法律之下冠冕堂皇地存在，多次親眼看見包括自己在內的許多人經受痛苦。"

這個 42 歲的黑人女性，出生成長在美國南部阿拉巴馬州，一直受着沒有來由的歧視，不得不過着屈辱的生活，她終於喊出了 "NO"。

在蒙哥馬利的種族隔離巴士上，一個白人男性強迫女士讓座。她斷然拒絕後被捕。

決然而起的這一個人的行動給予千萬人勇氣，引發了歷史性的拒乘公交運動。運動越演越烈。

榮獲諾貝爾和平獎的馬丁・路德・金博士後來在自己的著作《邁向自由的大步》扉頁上，寫下了下面的謝辭贈給女士：

您獨創性的證言

成為今日大步邁向自由的

偉大動力

　　金博士夫人也說：

　　"在那個歷史性的一天，她拒絕迎合種族歧視，是因為尊敬自己的想法和自尊心成為了動力。其背後的原因還包括在過去日子中受到的侮辱的日積月累以及新生一代期待的宏偉目標。"

　　帕克斯女士的存在也被讚為"把公民權的問題從巴士後部座位移到美國良心最前端的活着的寶石"。

❖ 決然而起的女士

1995 年 11 月 1 日傍晚。

　　女士下班後回家，乘上了駛往克里夫蘭大街的市營巴士，坐在了黑人座位的最前排，在第二站恩派亞劇場前，有幾個人上了車，白人座位都滿了，一個白人男性不得不站着。

於是司機命令帕克斯女士讓座：

"識相的快些讓座。"

她一個人毅然答道："不！"

司機說："那麼就讓人逮捕你。"

不久兩個警察來了。

女士控訴道："你們為甚麼都這麼欺負我們呢？"

警察說：

"不知道，但是規則就是規則。我要逮捕你。"

"經常有人說那天我之所以不讓座位是因為太累了。然而不是這樣的。"帕克斯女士在自傳中這樣回憶到：

"我肉體上沒有疲倦。就算是疲倦，也不過是平時下班後感到的那種程度的疲倦。我疲倦的是對白人千依百順。"

和女士會面後的第二年。舊金山著名高中"國際學學院"的青年才俊們把帕克斯女士和我握手的情景作為和平和友誼的象徵描繪在壁畫上。

在揭幕式上，帕克斯女士做了演講。據說演講中她說："在這裏，有個細節，關於我的，我要更正一下。"關於巴士抵制運動的導火索事件介紹成"腿累了動不了"，對此進行了更正。

"我的'痛處'不是在腿部，而是我作為人受到的'痛楚'。"

從少女時代開始就從外祖父那裏受到教誨，"不管是從誰那裏，要是受到過分的對待，絕對不要屈服"。

在公共飲水處也有"白人用"、"黑人用"的標誌。女士回憶道：在小孩子的心裏，曾覺得是不是"白人用"比"黑人用"的水要好喝呢？

和白人孩子一打架，還會被大人警告"到了 20 歲要絞首的呀"。

種族隔離主義者們是多麼輕視黑人的生命啊。當時有無罪的黑人少年們被宣判死刑，還有黑人在獄中關了 37 年之久。

拒絕黑人被繼續當作二等公民，不，非人來對待——這是對權力魔性的挑戰。

女士最尊敬的人是母親。她從母親那裏學到的是"要有自尊心。成為受人尊敬的人，並且要尊敬他人"。

關於這位母親，女士這樣對我說：

"我的母親在鄉下農場長大。在鄉下的學校上學，後來成為教師。和父親結婚後，婚姻不順，離婚後母親帶着我和弟弟與母親的父母親也就是我的外祖父母一起住。

母親是'有勇氣的人'。相信'自由'和'平等'。她說過'沒有法律說讓人受苦還必須甘之如飴'。反對歧視。"

❖ 下達歷史判決

公交車抵制運動持續了一年以上。遭受欺凌的人們的憤怒，對於積壓起來的不正當的種族歧視，超出了忍耐的界限。都在等待一個有勇氣的人登場打開戰鬥突破口。這"個人"就是羅莎・帕克斯女士。

警察當局的不正當逮捕，居處的爆炸，槍擊，深夜的無聲電話，恐嚇電話，毫無道理的解僱，媒體的虛假宣傳，等等，這形形色色的折磨、鎮壓、陰謀詭計都無法阻擋覺醒了的民眾的怒濤。

在蒙哥馬利，黑人經營的18家出租車公司把出租車全部停在公交車站點，和公交車收取同樣車費。警察跑來逮捕那些司機，說"不收取高額的出租車費是違反法律的"。

能步行的人走好幾個小時。在盛夏的陽光下汗流浹背默默地走到單位。也有人在冬日的寒風中行走。老年人也堅持步行，說"為了兒孫們步行"。

帕克斯女士失去了百貨商店的職位。丈夫帕克斯先生在白人經營的理髮店工作，也辭職了。因為白人經營者命令說："在我的店裏，不能說公交車抵制運動，也不能說羅莎・帕克斯。"

帕克斯的丈夫憤怒了："自己妻子的名字都不能說的單位，不管在哪裏，我都絕對不能在那兒工作。"

從全國各地，支援的鞋子和衣服寄來一大堆。因為徒步上班，鞋子都磨損壞了。還因為也有很多人失業了買不起衣服。

並且最後無人乘坐的公交車停止了運營。

年輕的金博士擔任了運動領袖。他的雄辯演講讓聽眾鼓起了勇氣：

"我們不高興遭受種族歧視和侮辱，由於歧視而被拳打腳踢的日子我們受夠了，為了昭告天下這一點，我們聚集在這裏。為未來的子孫書寫歷史教科書時，歷史學家駐筆這裏，會這樣說吧：

'曾經偉大的人們。那就是黑人。他們向文明血管注入了新的意義和尊敬的藥水。'這就是我們的挑戰，也是最大的責任。"（《羅莎·帕克斯自傳》）

1956 年 11 月 13 日，美利堅合眾國最高法院下達了蒙哥馬利的公交車種族隔離是違反憲法的歷史性的判決，帕克斯女士如願以償。這是憑着堅韌信念獲得的完全勝利。巴士抵制運動一直持續到最高法院的命令書送達到蒙哥馬利的 12 月 20 日那一天。

並且正如金博士所宣佈的一般，"羅莎·帕克斯"的名字不但在現在的全美國，還廣泛介紹到外國的教科書中。

懇談中，我向帕克斯女士獻上了黑人大詩人修珠歌唱女士出生的阿拉巴馬州的詩歌《阿拉巴馬的黎明》的其中一節：

白色的手　黑色的手

褐色和黃色的手

還有紅黏土色的手

來作一首宛如手指溫柔輕拂大家般的曲子吧

然後如露珠滴垂一般自然地

互相碰觸着

演奏音樂

讓我們迎來這樣的黎明吧

那時，我將成為作曲家

譜寫阿拉巴馬黎明的曲子

　　帕克斯女士非常高興。據説她非常喜歡，複讀了一遍又一遍。

　　對話越是深入，帕克斯女士和我的想法越是引起更深的共鳴。對於女士毅然堅持戰鬥的崇高一生，我和妻子都從心底獻上真心的喝彩。

❖ 榮獲 "羅莎・帕克斯人道獎"

　　創價學會的運動也是默默無聞的庶民運動。曾經和當權的鎮壓殊死鬥爭。首任會長死於獄中，第二任會長在獄中呻吟過，第三任的我也曾入獄。

和蠻不講理的當權豁出性命地鬥爭，是學會精神。時間變幻，空間轉移，但是捍衛人權的志向從來不曾改變。

很榮幸，女士對於我的人權鬥爭，贈予了意義深遠的"羅莎・帕克斯人道獎"。

後又談及有本《照片講述》的書要出版。是名人各選一張"給予自己人生最大影響"的照片放在書裏的企劃。女士介紹說自己被選為其中一人，然後說了下面這番話：

"我開始想選擇那張'巴士抵制運動'時的照片。但是我現在改變了想法。因為我想，和池田會長的會見才是對我人生產生最大影響的事情。為了世界和平，和會長一起啟程。如果可以的話，我想把今天和會長的照片放到書裏面去。"

這是偉大母親所說的令人感激的話語。

第二年（1994 年）秋天，帕克斯女士如約給我寄來了完成的影集。影集上刊登着在美國創價大學和我握手的照片。母親的美麗笑臉熠熠發光。

開頭寫着："這張照片講述着未來。在我的人生中，無法想像還有比此時更加重要的瞬間。"並且還記錄下了兩人的對話。那是互相尊重文化的差異性，向着世界和平邁出新的一步的對話。

那年 5 月，在此之前只訪問過臨近諸國的帕克斯女士欣然接受我們的邀請，來到日本。

女士還到了八王子的創價大學，為我們做了精彩的演講。她也為《自傳》日語版本的出版而高興。譯者是帕克斯女士認為是"我的好友"而寄予信賴的美國創價大學研究生院院長高橋朋子博士。

訪問創價大學的第二天，在信濃町的聖教新聞社，我和妻子一起迎接了女士。這是非常令人喜悦的重逢。

在女士非常尊敬的南非曼德拉總統和我對話的同一個房間，我們像家人一樣談着，説不完的話，其樂融融。

我和妻子日日祈禱，願可以稱為是美國"人類國寶"的帕克斯女士永葆健康。

1996 年，美國創價大學新校園建設之際，在當地的奧蘭治縣舉行了公聽會。

帕克斯女士給公聽會送來了強烈支持美國創價大學建設的書簡。

書簡上這樣寫道：

"美國創價大學和我自身信念如出一轍，那就是為了公民建設健全的豐富多彩的和平世界。教育內容對於新世紀來説會具有極為重要意義。"

"我全面支持美國創價大學設立。並且期待訪問奧蘭治縣的新校園。"

在這些尊貴母親們的祈禱中，2001 年 5 月 3 日，在奧蘭治縣的光之丘上，21 世紀的校園 —— 美國創價大學開學了。

與人權鬥士阿塔伊德總裁的對話

那剛好是在恩師戶田城聖先生第 93 個誕辰紀念日之前。

我結束在哥倫比亞共和國的所有活動，飛往巴西的里約熱內盧。那天是 1993 年 2 月 9 日星期二。

在加里奧機場，代表 20 世紀的偉大人權鬥士在等待着我們。那就是巴西文學院的阿塔伊德總裁。他作為"南美的良心"為人們所敬愛，是巴西言論界最大的英雄。

飛機預計到達時間是晚上 9 點，然而總裁在兩個小時前就來到了國際機場。

是 94 歲的高齡了。但是當周圍的人擔心地勸他"要不要在貴賓候機室內休息一下"的時候，他回應說："我等待 SGI 池田會長已經有 94 年了。這兩個小時算不得甚麼。"這是後來我聽說的。

總裁在前一年的 1 月擔任了我在聖保羅美術館舉辦的攝影展的執行委員會名譽委員長。他對作為代表出席的長子博正說："我讀了令堂與湯因比博士的對談集。自那以後，我對令堂一直念念不忘。令堂何時來巴西呢？"

總裁是聯合國採納的"世界人權宣言"的推進者，是代表巴西在宣言上簽名的世界聞名的評論家。從年輕時候開始就為了捍衛自由和人權，堅持用言論與對話持續行動。

❖ 巴西言論界的最大英雄

我當時 65 歲。與總裁相比年輕 30 歲，論人生的閱歷與滄桑去之甚遠。但是總裁也許正因為我的年輕，才認為可以把自己的鬥爭與思想託付與我。

我們在機場互相擁抱着雙肩，總裁説：

"池田會長是這個世紀很有影響力的人物。我們一起戰鬥吧。齊心協力改變人類的歷史吧。"

我當即回答説：

"總裁是同志，是朋友。總裁才是世界的'珍寶'。"

我不禁產生了一種戶田先生的生命與總裁合為一體來迎接我的感覺。

總裁生於 1898 年，和生於 1900 年的戶田先生幾乎是同一個年代。

在戰敗的廢墟上，與戶田先生命運性地初次見面時，恩師問我"多大了"。之後，恩師要我繼承廣宣流布這一人類前所未聞的偉業，對年輕的我進行了 24 小時不間斷的訓練。

戶田先生一生毅然堅持與致先師牧口常三郎先生死於獄中的權力魔性進行鬥爭，並且嚴命我繼續鬥爭。我把恩師的構想一一付諸實踐，開拓了走向世界的大道。

　　恩師逝世 7 周年忌辰之際，記錄先生和學會真實經歷的小說《人間革命》全 12 卷的連載也在當年 2 月 11 日（1993 年）迎來了完結的階段。

　　阿塔伊德總裁慈父般的歡迎使我彷彿聽到了戶田先生愉快的聲音。

　　"比起當選巴西文學學院院士，當選為總統倒更為容易" —— 這是阿塔伊德總裁介紹某個總統的感想的話。

　　全世界首屆一指的南美最高知性殿堂"巴西文學院"創立於 1897 年，擁有超過 100 年的歷史。

　　由 40 個國內院士和 20 個外國院士構成，所有院士都是終身制。

　　首任會長是被尊稱為"巴西文學之父"的馬查多‧德‧阿西斯。

　　國內院士有生日被定為"巴西文化節"的路易‧巴魯波扎、巴西報業大王阿西斯。夏特布里安、航空技術發明大王山特士‧德蒙、細菌學家奧斯瓦爾德‧克魯斯、作家吉馬拉尼斯‧勞扎等。是與知性和學識之府相稱的響噹噹陣容。

　　外國院士有俄羅斯文豪列夫‧托爾斯泰、法國的人道主義作家埃米爾·左拉、行動派作家安德烈·馬爾羅、英國的比較社會學家之父赫伯特·斯賓塞、葡萄牙大詩人厄薩·德·凱勞斯等，作為人類"知性星座"而璀璨生輝的人名有一長串。

巴西文學院自創立以來一直推進教育、知性啟蒙活動，是對社會作出貢獻的"人類尊嚴的堡壘"，是"永恆性的人物"的府邸。

很榮幸地，我從總裁那裏直接得到了成為該學會外國院士的一員的推薦。

就任儀式於 2 月 12 日在位於里約熱內盧的該學院新館"巴西文化中心"舉行。並一同拜受了該學會最高榮譽獎——冠以首任總裁之名的"馬查多·德·阿西斯獎"。

❖ 人類文明的希望的黎明

我進行了以"人類文明的希望的黎明"為題的就任紀念演講。

巴西文學院的外國會員由現任院士的推薦進行考核。據說阿塔伊德總裁就任 34 年以來，從來沒有自己推薦過一個人。聽說總裁第一個推薦的就是我，我感到很惶恐，也非常感謝他。

各界要人、有識之士出席了這次典禮，總裁介紹我時說："這是我們學院迎來的第一個亞洲人院士，日本人院士。"當天的里約熱內盧報紙這樣報道說：

"巴西文學院今天迎來了日本文化引以為豪的偉人池田大作作為'在外會員'。由此，證明了聞名於世的機構——我們學院承認了還比較年輕的池田先生為'代表這個世紀的人物'。接納池田先生作為第一個日本人院士的最大理由是，對池田先生個人的'和諧的精神性'、'善意的和促進相互理解的行動'以及對現代所面臨的諸多問題提出解決方案的偉業讚賞不已。"

對於這些溢美之詞，我心中盡是惶恐不安的感覺。

我和阿塔伊德總裁第一次見面的瞬間，充滿了和真正的人物會面了的切實感受。談話不知疲倦。不，應該說越談越起勁。話題一個接一個，精神高漲，雙目生輝。

總裁是獅子。是獅子王。94歲燃燒般怒立的白髮彷彿如獅子的鬃毛。

總裁是這樣一個人物，他穿越了獄中鬥爭、國外流放、誹謗批判的槍林彈雨，揮舞着正義的大筆，為了在這片土地上樹立"世界人權宣言"的理想，不停地戰鬥着。

總裁說：

"拉丁語中意味着'語言'的意思的'VERBUM'，同時也有'神'的意思。我們把這崇高的'語言'作為最強大的武器來戰鬥吧。"

在靈魂的火箭往來回覆似的談話中，我們達成了共識要出版對談集。

題目是《談 21 世紀的人權》。總裁曾為了本質性的、不可欠缺的"人權維護"傾注了最大努力。這個題目很符合總裁的特性。

我們兩個人熱烈暢談着想法。以里約熱內盧的這場對話為基礎，後來還不斷進行了口述、書信來往。

談論"世界人權宣言"的璀璨、講述人道主義的火熱靈魂系譜聖雄甘地、金博士、曼德拉總統的鬥爭。還把思緒放飛到甘地主義的源泉、釋尊的人權鬥爭上，向古今東西的先哲學習人權鬥爭的偉大遺產。如何在世界和未來構築"人權主義"的網絡，還有關於對人權的新世紀教育的重要性，有着談不盡的話題。

關於教育，我和阿塔伊德總裁取得了一致意見。總裁說："孩子是我們'未來的值班人'，是歷經幾代培養的'遺產繼承人'。"

總裁使出渾身力氣，好像一句話一句話要留下遺言一般進行着對談。

對談集的"序言"是總裁自己面對打字機打下來的文字。

坐在由於高齡沒使用過的打字機前，據說許久都沒有這樣全神貫注了。

結束最後的口述的 6 天後的 8 月 21 日，總裁住院了。但是據説和醫生與護士説了好幾遍：

"我有必須完成的重要工作。希望能早些讓我出院。我還得和池田會長繼續對談。為了就要到來的世紀。"

接到總裁去世 (9 月 13 日) 的訃報，剛好是在我為了去哈佛演講啟程前往美國之前。

前一天，剛好從來日本的巴西 SGI 會員獲悉了總裁情況，祈禱他早日出院。

❖ 秉持樂觀主義行動的總裁

緬懷一下總裁磐石般堅持不撓不撓信念的一生。

里約熱內盧聯邦大學畢業之後，成為新聞記者，作為巴西代表參加了第三次聯合國大會，為完成 "世界人權宣言" 作出了貢獻。

1959 年就任巴西文學院總裁。自那以來，34 年間，沒有一天間斷地到學院上班，會議也一次都沒有缺席過。

總裁一生中寫過的專欄有 5 萬個。20 年間每周上一次電視，30 年間每周上一次廣播。演講也是 40 年間幾乎每周都有。

每天寫 6 條報道是他的日課。晚年也要持續每天寫 3 條。

下午 6 點，結束學院的工作後，經常出席演講會和招待會。很長一段時間，拒絕使用麥克風演講。他對自己鏗鏘有力的聲音有種自豪和自信。

總裁的雄辯，有着打動聽者心靈的力量。特別是"世界人權宣言"草案提交第三次聯合國大會進行表決投票之前，總裁作為巴西代表進行呼籲的演講是最為精彩的。據說當時的法國外相都站起來激動地說："您是我平生迄今為止見過的最棒的演講家。"

美國總統夫人埃莉諾·羅斯福女士為了人權宣言能獲得通過進行了不分晝夜的努力，她無法抑制大會當時的激動，當晚就給總裁寫了一封信。信中說："沒有那些熱情'獻身者'的純粹而高貴的思想，民主主義就無法確立。巴西代表（阿塔伊德總裁）的演講讓人想起亞伯拉罕·林肯在葛底斯堡的演講。"

總裁一到傍晚，經常走出文學院大樓，來到首任總裁阿西斯胸像下面的長椅上坐下，和路過的市民坦率地交談。

里約熱內盧的最大報紙追悼總裁說：

"阿塔伊德總裁是和大家都要好的朋友。有識之士、外交官、實業家、記者、演藝人、老人、青年、窮人、病人——人都是平等的，一點都沒有先入為主的觀念和歧視意識。"

家人們回憶道：

"父親頭髮變花白了，和民眾的紐帶卻越發堅韌了。晚年一去劇場，場內就廣播'今天阿塔伊德先生來了'，於是掌聲雷動。受到里約熱內盧市長的邀請去觀看狂歡節，觀眾起立鼓掌歡迎他。父親對於受到遠離知識分子世界的市井庶民的愛戴，比甚麼都感到榮耀和高興。"

站在世界性和普遍性的立場上，秉持樂觀主義行動的阿塔伊德總裁經常說："不管情況多麼惡劣，都要相信未來。"

他的信念是：抵抗破壞民眾運動勢力的最有效手段就是言論。

他譴責銷路至上的人氣主義，一直為了新聞報道的倫理性而戰鬥。也曾面對過惡意批判的箭矢。但是所有時代先驅者都遭逢過的惡意的毒箭，對於這個言論人巨擘來說，不過是風中之塵罷了。

總裁的家庭充滿了愛和信賴。兒童文學作家的長女勞拉·聖多羅尼女士，對於父親曾自豪地稱讚為"里約熱內盧第一美女"的母親，這樣證實說：

"瑪利亞·喬治確實是美麗的。外表和內心都是。母親皮膚非常白皙、美麗，有一雙生氣勃勃湛藍色的眼睛。總是很活潑開朗，把安心感和友誼'傳染'給周圍的人。母親陪伴父親進行公共活動，協助父親的工作。在 51 年的結婚生活期間，每天早上父親一面在房間內走動，一面口述給母親報道和演講稿，母親把這些打成稿子。把報紙上連載的報道剪下來保存也是母親做的。"

總裁和我的對談集《談 21 世紀的人權》，葡萄牙語版 2000 年出版了，在各地引起了極大的反響。

在巴西文學院舉行的出版紀念儀式上，巴吉利亞新總裁宣言：

"這本書是兩個人權鬥士共鳴的交響曲。充滿了人權的理想。接觸這個理想的，生命產生躍動，散發光芒，會向着更高的‘和平山頂’攀登。"

在首都巴西利亞也由司法部舉行了出版紀念儀式，古萊高利司法部長發言說：

"可以說現代‘人權聖典’的書籍出版了。這本書是如清水湧出般的人類智慧的結晶。"

"在悲慘和恐怖統治的 20 世紀，有兩個人物，他們超越了這些悲慘和恐怖，堅持和平、共生、團結、慈愛這些至尊精神。"

我很高興我能毅然繼承阿塔伊德總裁的精神。

20 世紀的人權太陽阿塔伊德總裁完成了在這個世上的使命之後逝去了。

那是莊嚴而又巨大的落日。

有着壯美晚霞的翌日清晨，旭日粲粲生輝。

巴西文學的不朽的正義的巨大光芒赫赫照耀着"人道和人權的 21 世紀"。

翻越安第斯　我們高唱凱歌

　　俯瞰下去，安第斯山脈連綿起伏。夕陽放射出柔和的光芒，天空中，初生月牙璀璨生輝，金星宣告着黑夜的來臨。從飛機中向外觀看，山脊自由自在地描繪着優美的曲線，高低起伏，錯落有致。白雪殘留在山體高處，星星點點地點綴着羣山。巍峨的安第斯在夕照中光芒四射，醞釀出地球的一番神秘景觀。

　　1993 年 2 月 23 日傍晚，我搭乘的飛機在巴拉圭起飛前往智利。引擎的聲音隨着下面展開的立體全景畫成為一首伴奏曲。

　　和安第斯山脈重合着浮現在我眼前的，是生前的戶田城聖先生。平生沒有到海外去過的恩師在去世的兩周前，把我叫到病牀的枕邊，說：“我夢見去了墨西哥。”

　　衰弱的先生已經不可能再站立起來了，但是他一生都一直懷着向世界推進佛法流布的偉大夢想。

　　恩師夢見的拉丁美洲之旅，我現在就在這旅途之中。初次訪問的智利是我海外巡訪的第 50 個國家。

　　智利位於太平洋沿岸，南北長度超過 4000 公里，是個狹長的國家。北部起自南美大陸的幾乎中央位置，阿塔卡瑪沙漠連綿無際。南部是帕特哥尼亞，最南端漂浮着雄壯的冰川。首都聖地亞哥就處於幾乎正中間的位置。

安第斯山脈的秀峰可以說的確就是這個國家的脊樑。這是智利人的驕傲，也成為精神的支柱。從聖地亞哥街上眺望到的阿空加瓜山成為和阿根廷的邊界，海拔 7265 米。再往南 1000 公里，就是日本移民懷戀地稱為"南美的富士山"的高高聳立的呈優雅圓錐形的奧索魯農山。

智利的對外貿易額，日本是僅次於美國的第二位。和日本建立外交關係可以上溯到 1897 年的修好通商航海條約的簽訂，歷時頗久。但是智利的國家元首一次都沒有訪問過日本，這個事實也持續了將近百年。

其間，智利也經歷過苦難時期。這個國家本來擁有民主主義傳統，但皮諾切特軍事獨裁政權持續了長達 15 年的時間。

1973 年 9 月，發生了軍事政變，獨裁政權殘暴地鎮壓了國民。2000 人以上沒有經過訴訟程序在簡略審判的判決中被槍殺。至少有 1000 人以上在公然方式下失蹤。被殺害後，遺體或是被海水沖走，或是被埋到不引人注目的地方。據說嚴重的時候，首都街道上也是一到了早上，就慘不忍睹地橫陳着一具具的遺體。

恐怖支配着整個國民生活。1988 年 10 月，皮諾切特總統就是否延長總統 8 年任期的問題實施了國民投票。不用說這是獨裁者表面上改進體制，不過是偽裝民主的手段而已。

對此，以艾爾文先生（後來的總統）為中心，組建了旨在說"NO（不）"的政黨聯合。歷史上獨裁者們敗給國民投票的例子極為稀有。死裏求生的挑戰堅忍不拔地進行着。艾爾文先生要戰勝恐怖和懷疑主義的呼籲之下，有 700 萬人以上進行了選舉人登記。

到底是"YES（是）"還是"NO（不）"呢？

國民投票明明白白地寫着"皮諾切特・NO"。第二年，時隔 19 年再次進行了總統選舉，艾爾文先生取得了壓倒性的勝利。民主化的道路最終打開了。走出長長的黑暗的隧道，民主主義在智利復活了。

❖ 和艾爾文總統的初次會見

我搭乘的飛機飛往智利首都聖地亞哥的國際機場。我頗為懷念地想起了和艾爾文總統的初次會見。總統是個高個子，態度溫和，有着包容一切般微笑的哲人政治家。不愧是受到人們期待不負眾望的"和解總統"。

那是 1992 年深秋層林盡染的 11 月。在智利和日本外交史上，艾爾文總統作為國家元首受到日本政府正式邀請第一次訪日。

對抗強大的獨裁政權，沒有軍事衝突，沒有流血，勝利地取得了民主化。智利的這種步伐給了在軍事獨裁中持續動蕩的整個南美洲帶來了民主化的巨大希望。

我和當時智利駐日大使羅德里格斯是知己好友，也有這個因素在內，於是就有了總統和我會見的安排。11 月 19 日，地點在總統下榻的賓館。

預先告訴我會見時間是 15 分鐘。我在會見之前，和我方的與會人員商量過"快到 15 分鐘的時候打個招呼"。會見時，由於總統訪日而回國的日本駐智利大使也在場。

話題圍繞着總統成功推進的民主化、人本主義的政治理念等，越談越熱烈，鐘錶的指針顯示已經過了 15 分鐘。

我對總統説"已經過了時間了"，然後站了起來。總統馬上制止我説"再談一會兒"。對話再次掀起高潮，進入佳境。但是，約好的時間就是約好的時間。我告辭説"時間到了"。總統仍然説"再談一分鐘"。這樣反覆了兩三次吧。結果，會見一直持續到勉強趕一個公式日程，將近 40 分鐘。我很抱歉。

最後總統滿面微笑對我説：

"我們的談話在莫內達宮繼續吧。"

莫內達宮是智利總統府。

實際上這個時候我在計劃從第二年的 1 月到 3 月期間進行一次長時間的南、北美巡訪。在訪問地的學會內外各項活動都大體定了下來。但是接到總統的邀請，重新研究之後，覺得若是三天兩夜的短暫逗留（2 月 23 日～2 月 25 日），智利訪問也是具有可能性的，於是和總統府進行了意向詢問。

❖ 前往海外訪問的第五十個國家智利

安第斯暗黑的山林連綿起伏，巍然聳立。越過山脈不久飛機就開始下降。我不知不覺回憶起訪問 50 個國家的歷程。1960 年就任會長一職 5 個月之後的 10 月，就出發踏上初次海外訪問的旅途。美國、加拿大之後訪問了南美洲的巴西。自那之後已經過去了 33 個春秋。

這次是 1 月份從日本啟程的旅程。相繼訪問了哥倫比亞、阿根廷、巴拉圭，這分別是我訪問過的第 47、48、49 個國家，智利便成為我訪問的第 50 個國家。

時間流逝說快也快，說慢也慢。一眨眼的工夫就 33 年了。在日本國內東奔西走，同時抽空前往世界各地。我決定過要超越體制和意識形態，只要那裏有人的存在就去訪問。曾經搞垮過身體。還曾有過在被訪國受到官方監視的旅程。還有過和時差作戰忍耐 50 度溫差的行程。我一心祈禱，所行之處，播撒下萬年種子，在那片土地上深深扎根。懷着這樣的祈禱我繼續着旅途。

不知不覺窗外完全暗了下來，和無邊無垠的宇宙連成了一體。懷着深深的感慨，我又想起去世兩周前說過"夢到墨西哥"的恩師。那時戶田先生很開心地說：

"等着……大家都等着。尋求佛法。真想去啊。一起到世界上去。踏上廣宣流布的旅程……"

戶田先生還繼續說：

"真正的舞台是世界。你要走向世界。代替我。"

並且最後還說了下面這番話：

"人類的幸福和和平，實現這些才是佛法的本意。拜託了。"

恩師早就提倡過"地球民族主義"的卓見。這成了濃縮恩師平生思想和行動的遺言。

我的整個人生就在於師弟之道。人生的意義也只在於師弟之道。自從師事戶田先生的年輕時代開始就下定決心要走師弟的大道，遵從恩師的話直到今天。正因如此，通往世界的大道才豁然開朗。

這是先生去世之後一邊仍在心中持續着師弟的對話，一邊打開的"榮光之路"。

即將抵達。我對 2 日 3 夜的日程進行了再確認。

南美位於和日本相反的地球另一側，2 月是盛夏。在智利也是 1～2 月份全國都一齊進入長期暑假。聽說總統府也實行值班制，全體工作人員都休長假。總統也離開了首都聖地亞哥，住到了地方別墅。

這次訪問，我方通過羅德里格斯駐日大使詢問的 2 月末的訪問日程，可能由於這個緣故會有失禮之處。但是總統為我們調整了日程，接到下面的聯絡後，令我們很過意不去：

"艾爾文總統和總統工作人員，為了迎接池田博士來莫內達宮，結束休假，於 2 月 22 日回到總統府上班。"

❖ 光榮賓客獎章

23 日下午 9 點後，我搭乘的飛機在首都聖地亞哥國際機場滑翔着陸。我實現了對第 50 個國家的訪問。

儘管是夜晚，智利外交部的儀典局書記官和日本大使都出來迎接我，令我很感激。歡迎的人當中，有智利 SGI 的知念理事長等代表會員高興的身姿。

對深夜出迎致謝之後，我趕往下榻處，路上我想：

《法華經》隨喜功德品第十八中把第 50 個聽聞《法華

經》的人的功德讚為"第五十人輾轉聞《法華經》隨喜功德"。

關於這句話，同蓮大聖人的口傳書中講解說："所謂五十輾轉，五為妙法蓮華經之五字，十為十界眾生，輾轉為一念三千……五十人為一切眾生。"

也就是闡明了這樣的功德：一切眾生信受妙法蓮華經這五個字，實踐"一念三千"的生命之法，由一個人到千萬個人，把它弘揚給一切眾生。

同處於不可思議的廣宣之時擔任佛法流布重任的各位同志的功德，三世永遠不滅。對在各自地區孜孜不倦地支持世界廣宣流布的同志，誰能忘懷呢？不求榮譽，不求利益，只是一味實施地湧的使命而活着的無名民眾……按照御書（日蓮大聖人的遺文集）和經文來說，他們生生世世在福德的軌道上前進，這是毫無疑問的。

真是"佛法不自弘，人弘法故，人法同尊"。

我對把創價運動推廣到全世界的所有同志懷有衷心的謝意。SGI 和平文化運動的推進者是不依靠任何權力的品格高尚的世界公民。這些人才是佛法流布史上輝煌偉大的第一英雄。

到了下榻處，我詠了三首詩。

莊嚴金色環繞下

安第斯山雪皚皚

越過此山我為勝

廣宣之五十輾轉

輾轉此國我欣喜

五十意義今實現

佛敕之廣布諸國

智利為第五十個

在智利的滿負荷運轉開始了——

24 日正午剛過，很榮幸地從首都聖地亞哥市拜受了
"光榮賓客獎章"。授章儀式在市政府舉行。市政府是西班
牙風格的建築物，面對着可以説是聖地亞哥心臟部位的阿
魯瑪斯廣場而立。

聽説獲得這一榮譽的人在 1999 年有 3 位，分別是蘇聯
總統戈爾巴喬夫、西班牙皇儲、歌劇歌唱家多明戈。

在授章儀式的謝辭中，我説想把這一榮譽獻給牧口常
三郎先生和戶田先生。講述了在世界上奔走的感想"留下
歷史就是打開通向未來的道路"。

智利成為第 50 個訪問國，我不禁想這存在着某種必
然。

牧口先生在著作《人生地理學》中把日本的位置表現為
"太平洋大道某某小區"，關注了環太平洋地區具有的未來
性和可能性。

智利就是相隔一條馬路的鄰居。我想起艾爾文總統不斷地點頭說"牧口首任會長的卓見着實令人驚訝"。

同一天下午 5 點開始，訪問位於雅致住宅區一角有着碧綠草坪的智利文化會館，出席了智利 SGI 總會。我把自己的心情披露在下面的演講中。

—— 如果有一條"真正的道路"，那麼就沒有做不成的事情。那就是"師弟之道"。我走在戶田先生的道路上，一面擴展戶田先生的道路，一面讓路旁開滿各種各樣的鮮花，結下果實。歷訪 50 個國家也是其中一個。

現在開始關鍵時刻就要到來了。

我想和大家一起快樂地明朗地跑遍全世界……

❖ 為了人們的幸福，向前再向前

據說有一篇《佛陀的傳道宣言》。當時弟子僅有 60 人左右。喬達摩・佛陀也就是釋尊高聲宣言說：

"遊行去吧。為了眾人的福利，為了眾人的安樂，為了對世人的憐憫，為了眾神和人類的利益、福利、安樂。一條道路不要兩個人走。……（中略）……我也要去烏魯貝拉的色那村。為了講法。"

"遊行"是佛教用語。從一個地方不停留地到另外一個地方。當然不是"遊玩"。到下一個地方去吧，到下一個地方去吧。這樣不停地讓佛法修行者運動，是出自無論如何都想讓人們幸福的強烈意志。

並且，釋尊不是派人去。首先自己一個人説"去色那村"就開始步行去了。

據著名的佛教研究者調查，這個"前進的人 —— 釋尊"訪問過的地方僅知道名字的就達 50 個左右。

釋尊在死去之前也沒有停止"前進"。進行了直線距離也有 300 公里的長途旅行，並且前方還有巨大的恆河主流橫臥。但是直到最後瞬間，"為了人們"，向前向前，釋尊前進着。

"好吧，去安巴拉提卡村。"

在安巴拉提卡，釋尊給很多人帶來生的希望，他宣告：

"去難陀村吧。"又説"去巴特利村吧。"

渡過巨大的恆河主流，無暇休息，釋尊就説：

"去考提村吧。"接着説"去那第卡村吧。""去本薩利吧。""去貝魯巴吧。"上了年紀的釋尊在這裏得了重病。但是，繼續講法。並且説："去邦達村吧。"

這之後，釋尊的旅程也持續着。

為了人們，為了人們的幸福，向前，向前。釋尊的旅行告訴我們，這就是佛法修行者的人生。

另外一方面，釋尊的十大弟子也繼續走着率先示範的師匠道路。這就是師弟。

比如説摩訶迦旃延從恆河上流現在的德里一帶西到現在的加姆那嘎魯，南到孟買，步行弘揚佛法。

方圓數百公里。大到可以容納日本本州。弘教之旅無比嚴酷，但是卻向前向前再向前。

途中折伏了以暴虐惡逆聞名的茶多拉・帕伽他王。又趕赴暴力和恐怖支配的城市馬達拉。用堅持不懈的對話，講解所有人都平等這一佛教根本教理，折伏了阿班提・布塔王。

向前向前行。隨着這一師弟的行軍，"和平""人權"的佛土依次出現了。

想到這些事跡，我那令人心胸澎湃的長征是不會結束的。我在總會上發表了獻給恩師的詩句：

<blockquote>
始自富士山

終於富士山

五十個國家
</blockquote>

"不識富士高峰嗎"的《同志之歌》是戶田先生寄託自己弘揚妙法的意志而作詞的歌曲。在第三段中歌詞呼籲：

<blockquote>
捨棄生命不足惜
</blockquote>

扛旗青年在何方
不識富士高峰嗎
爭先恐後快來吧

　　—— 這就是對青年抱有期待尋求扛旗青年的先生。那時我一個人高高地舉着"師弟的榮光之旗"。

　　一面仰望着和恩師人格的尊容相彷彿的富士高峰，我離開日本，趕赴世界各地，前往"南美的富士"(奧索魯農山) 等待着的第 50 個國家。戶田先生一定會很高興吧。

　　25 日正午，在莫內達宮會見艾爾文總統。過去曾是造幣局的威嚴建築物，現在為總統府使用。

　　從正面進入走上樓梯，走到 2 樓的會見室。總統從辦公室出來等待着。我們進行了再會的握手，我說世界都矚目着"民主智利"的發展，總統溫和地笑着說：

　　"在東京和會長的對話，現在還鮮明地記着。是的，是 11 月 19 日，自那以後，會長和湯因比博士的對談集，我全都讀過了。"

　　—— 夏季休假結束後，工作堆積如山，但是會見談論了包括文化交流、環境保護、經濟成長等話題，長達 50 分鐘。

　　在智利，規定總統任期為一屆四年，不得連任兩屆。談笑風生的會見令我們雙方都覺得意猶未盡。因此，我說：

"總統任期結束之後請到我們創價大學來。現任總統的身份，總有諸多不便之處。（笑）。再會後我們加深友誼吧。"

會見結束後，我立即踏上歸途，趕赴機場，把令人依依不捨的智利留在了身後。把俯瞰下的安第斯山脈再次刻進了我的生命。

❖ 把人生奉獻給人們的人生態度

艾爾文總統結束任期後的第二年，也就是 1994 年，按照約定來到日本，來到了創價大學。成為創價大學名譽教授的他，在紀念演講中談及智利民主化。

"智利脫離殘酷的軍事獨裁時代才只有 5 年。雖然時日尚短，但是可以確定的是，民眾自己高聲吶喊民主主義，顯著變化為尊重法治國家的歷史歷歷在目。"—— 也許是因為艾爾文先生性格原因，他採用的表達方式比較慎重，但是能感到他對自己所作所為有着高度的自豪。

逗留期間，艾爾文先生和我約好要不斷進行廣泛對話，以世界歡迎的"智利民主化歷史"、"人權和文化"、"展望環太平洋時代"等為題目。對談集的名字早就商量好用"太平洋的旭日"。

在往來書信中交換意見，對談集於 1997 年 10 月在"日本・智利修好通商航海條約"簽訂 100 周年的佳日出版了。

我在序中寫道：

"我尊敬和強權作鬥爭的人。我尊敬其中代表人物之一的青年革命家艾爾文先生的人生道路。"

"很多人度過的都是平凡正直的波瀾不起的人生。這也許可以稱得上是不錯的人生。"

"但是，我深刻尊敬和理解那些為了創造更好的社會、更好的未來、更好的前進方向而拚上性命進行正義之戰的人。"

艾爾文先生也寫道：

"能夠和池田博士成為知己，在相互思想和經驗方面交換意見，對於我來說，真是具有高度價值的寶貴經驗。……"

"人類不論男女老少，出生的大陸和民族是甚麼，所講的語言是甚麼，肌膚是甚麼顏色，與在作為人的尊嚴和真實之中締造的和平希求一樣，各自有各自的要求和願望，並且追求自由和正義。"

與不正義作鬥爭的意志，把人生奉獻給人們的人生態度……在這些方面我們有着深刻的共鳴，第 50 個訪問國智利成為我難以忘懷的國家……

英譯《法華經》的完成、出版

　　1993 年春天，人類不朽的寶書《法華經》經由巴頓・華茲生博士譯為英文後，由美國哥倫比亞大學出版局出版了。

　　《法華經》是諸經之王。是講解生命普遍性、永遠性的大乘佛教的真髓。《法華經》不是過去的遺物，是照耀人類現在以及未來的光源。

　　這個英譯的《法華經》(THE LOTUS SUTRA) 使得鳩摩羅什的漢譯本《妙法蓮華經》結晶為優美的現代英語。一個個世紀不斷傳誦的鳩摩羅什的不朽漢譯通過新的英譯本，將給更廣闊的地區和更多人的心靈送去不滅的智慧之光。

　　我和華茲生博士初次會面是在 1973 年的 12 月。我那時提議說："想請您甚麼時候把鳩摩羅什譯的《法華經》譯為英文。"

　　20 年之後，博士實現了這個約定。

　　華茲生博士說："《法華經》的宗教意義之大不必贅言。"

　　"從文學方面來講也是達到世界巔峰的古典之一。迄今為止我所著的研究書籍和翻譯書籍包括《史記》、《莊子》在內超過 30 本，《法華經》是位於其中的巔峰之作。”

“我之前的作品說起來多數以專家和學者為對象，這本《法華經》卻具有着所有領域的人都能閱讀的普遍性。”

“想到今後隨着時代變遷，這本書會成為世界越來越多的人閱讀和喜歡的書，我就格外高興。”

❖ 風格高雅的名譯

華茲生博士是榮獲過“世界筆會翻譯獎”、“全美翻譯獎”的世界著名翻譯家。

在名校哥倫比亞大學，唐納德·基恩教授和愛德華·塞旦斯特卡教授是日本文學的權威，而華茲生博士作為中國文學的權威聞名於世。

以把司馬遷的《史記》首次譯為英文而聲名遠揚，也翻譯過眾多的中國詩歌。博士自身也是優秀詩人。

青年時代，雖然非常希望去北京留學專心進行中國古典文學研究，但是那時美國和中國之間處於外交斷絕狀態，無法去中國留學，對於去哪裏研究中國古典文學很是迷茫。

那時，訪問哥倫比亞大學的湯川秀樹博士勸他來京都大學如何。京都大學的研究生院負責教授是吉川幸次郎博士。於是他開始了在日本的學究生活，中國文學不必說，在日本文學方面也加深了造詣。

之後，回到母校哥倫比亞大學，作為教授進行授課。據說有着非凡魅力的授課使得學生們都非常期待上課。對於翻譯的熱情與日俱增，接二連三地發表了名譯作品。

我的作品包括詩集《我心深處的詩歌》在內的《我的釋尊觀》、《我的佛教觀》、《續•我的佛教觀》、《談古典》等多部作品也都煩勞博士翻譯，我對博士無比感謝。

英譯《法華經》的反響當然巨大。

美國的認真的佛教研究對全世界作出了很大貢獻，其影響力相當廣泛。

在這裏，從對英譯《法華經》進行評價的美國研究者的眾多聲音當中，挑選幾個有代表性的予以介紹。

"巴頓•華茲生果真是名家。……像《法華經》那樣優美並且充滿了豐富譬喻、寓言、故事的經典，由像他那樣有着卓越文筆的人來翻譯，是我們久已期待的。"（堪薩斯大學的 D•斯蒂文遜教授）

"以前《法華經》的英譯本也出版過幾本，其中華茲生博士的譯本可以說是最好的。《法華經》和其他經典不同的特點之一是，它勸誘人不僅僅滿足於聽法，而是到人羣中間去分享法的精神。"（哈佛大學教育學部學生部長克里斯

托發・庫因博士教授佛教學）

"翻譯《法華經》的華茲生博士是我在哥倫比亞大學學生時代學習中國文學的恩師。博士可以說是精通中國文學和日本古典、現代文學的語言天才。而且更是英語天才。"

"……我認為，《法華經》與其他經典相比更優秀就在於它語言的優美和豐富。當然，《法華經》作為講述普遍性、永遠性的教理處於佛典的最高峰，但是它的優美表達使得這部經典更為光彩奪目。"（夏威夷大學宗教學部長喬治・田邊博士）

"翻譯家華茲生博士我很熟悉，對於他的業績我有由衷的敬意。……美國社會有種誤解認為佛教是安靜的隱遁的教導。但是正像《法華經》所最能象徵的，佛教是行動主義讓人們的眼睛朝向社會打開的教導。我確信現在正應該是把《法華經》的精神向世界弘揚的時候。"（哥倫比亞大學宗教學部長羅伯特・薩曼博士）

❖ 輝耀佛法三千年歷史的壯舉

1992 年 5 月，我在兵庫的關西戶田紀念館迎來了華茲生博士。

開口第一句話我就說：

"祝賀您完成英譯《法華經》。這是輝耀佛法三千年歷史的壯舉。是對人類未來的偉大的'精神發光'。我無比感動。"

談話很活躍，長達 4 個小時。兩個人的心靈立於《法華經》這一超越時空的規模巨大的平台上，話題滔滔不絕。

"鳩摩羅什像"、"從維摩詰看大乘佛教的社會性"、"人類平等的智慧"、"生命哲理的第一大浪漫"、"《法華經》的文學性"、"龍女成佛的意義"、"皆成佛道的法理"、"和歧視作鬥爭的釋尊之魂"、"《法華經》和日本文化"、"宇宙和人的交流"、"翻譯論"、"精神的空白時代和佛教的作用"等，廣泛地展開了話題。

交談中，博士熱情洋溢地要把《御書五大部》[4]、《御義口傳》[5] 翻譯成英語，令我印象特別深刻。不管在哪條道路上，所謂的真正"大家"是沒有"這樣就可以了"的止境的。

之前歐美的《法華經》翻譯以法國的布魯努夫翻譯的法文版本和荷蘭的柯恩翻譯的英文版本最為著名。

他們都是由梵語翻譯過去的，翻譯時間比較長久了，現代人讀起來有些難以理解。在這一點上，華茲生博士的名譯既文學格調高雅，又親切易懂，而且又是通順的現代英語。

4　《御書五大部》，日蓮遺作中，由其高徒日興選定的最為重要的《立正安國論》等五篇。

5　《御義口傳》，據說是日蓮口述，高徒日興筆錄下來的世代相傳的書籍。

用通俗易懂的語言講解教理是非常重要的。為了偽裝宗教權威，故意堆砌難懂的詞彙，用脫離時代的訓詁註釋來敷衍了事的風潮對於宗教人士來說實際上可以說是自殺行為。

釋尊也用摩伽陀語這一民眾日常使用的語言說法。

那時，婆羅門出身的受過較高教育的弟子對釋尊說："用民眾的俗語講解尊貴的非凡的法理，有傷佛教的尊嚴。今後請像婆羅門教的聖典一樣使用格調高雅的吠陀語吧。"

釋尊聽了就大喝道："這是甚麼話。"並且斥責說如果用吠陀語講佛法就會嚴厲處罰。

其指導是嚴厲的，"用自己的語言講吧。講得讓人們都能聽懂"。

從這個精神上說，華茲生博士的簡單易懂的英語譯文也可以說是正合佛意吧。而且還是格調高雅的名譯。

❖ 具有不朽生命的鳩摩羅什的翻譯

華茲生博士作為英譯原本的鳩摩羅什譯本（漢澤）在一千五百多年期間，中國、朝鮮半島、日本和東亞的人們以敬畏之心迎來了它。

羅什三藏出生於中國古代西域的龜茲國，401 年，在其五十幾歲的時候被中國邀請去，以高超的文筆把《法華經》在內的數量龐大的經文從梵語翻譯成了漢語。有一個人們熟知的故事，鳩摩羅什曾宣言，如果《法華經》的翻譯沒有錯誤，那麼他死後只有舌頭不會被燒壞，後來果真如此。

事實上，鳩摩羅什的翻譯具有不朽的生命，這是確鑿無疑的。

華茲生博士字字珠璣的翻譯經由幾個世紀、幾十個世紀都會一直不朽地散發光彩吧。他留下了可以被稱為現代羅什的豐功偉業。博士的英譯飛躍性地使世界上的許多人接觸到了《法華經》。

在懇談席上，華茲生博士講述了如下的翻譯宗旨：

"理解翻譯作品是最重要的。然後在自己語言當中（與原文語言相符的）尋找聲音。如果沒有找到活生生的聲音，翻譯就會成為機械性的直譯。"

美國著名的日本文化評論家 D・力提評價華茲生博士說是"東亞詩歌最傑出的譯者"，認為其翻譯滿足了 W・本杰明的定義。

據本杰明的定義，真正的翻譯是透明的，它不是覆蓋原著遮擋光芒，純粹的語言彷彿由其自身媒介物得以增強效果，並且完全是在原著上散發奪目光芒。

《法華經》是向所有人都打開的哲理。因為據說信奉

《法華經》的所有人都會成佛。

它是讓一切眾生都平等獲得佛恩的平等大慧的大法。是具有與一切歧視戰鬥的釋尊靈魂的經典。因此，《法華經》的精神中，不可能有"聖職者在上民眾在下"等蔑視民眾的歧視思想。

"否定平等"即是"否定《法華經》"，是"虐殺佛法靈魂"。不，更進一步說，信奉宗教的人成為民眾的僕人，為人們服務才符合佛的本意。

與華茲生博士談論《法華經》經義時，聽博士講了一個切身經驗。

博士父親的葬禮按照其生前願望，不是在教堂而是在殯儀館的一個房間裏，沒有邀請牧師進行的。姐夫讀《聖經》，博士吟詠中國寒山的詩進行了追悼。

然而後來牧師卻口吐暴言說："不叫牧師搞葬禮，你的父親會下地獄的"。但是博士毅然回答道："我覺得這樣的葬禮很好，也相信父親是高興的。"

想起來，熱愛民眾、一直為了民眾作戰的東西方的兩個大作家雨果和魯迅，都拒絕在葬禮上叫聖職人員，這是意味深長的。

❖ "《法華經》和絲綢之路"展覽

雨果遺書中記錄着"我拒絕一切教堂中的祈禱"。並且在下面文字中表露了他的真實想法:

"我尋求支配宇宙的神的加護。但是今天的所有宗教都沒有對人類和神盡義務,我的葬禮不想讓任何祭司參加。"(《維克多·雨果的一生》,潮出版社)

據說魯迅也曾想過如果要寫遺書的話就這樣寫:"不可因為葬禮收受任何人的一文錢 —— 但老朋友的,不在此例。"

"趕快收斂、埋掉、拉倒。"(《魯迅選集》)

魯迅去世後,棺材上蓋着上海市民贈送的白底黑字寫着"民族魂"的旗。並且由魯迅的弟子、我也見過的作家巴金等人之手葬在了墓地。根據故人遺願,沒有叫僧侶。

現在,學會的友人葬也受到許多人的深刻共鳴和感動。

華茲生博士英譯原本的鳩摩羅什譯《法華經》是從很古老時代的梵語原典翻譯為漢語的。

經典往往只被看作是保留過去精神的書,不被看作是在現實人們生活中脈動的東西。其中,根據日蓮大聖人的精神,使《法華經》的靈魂在當代復甦的佛教運動 —— 運動推進者就是創價學會。

2000年春天,在奧地利的維也納和德國的沃爾芬布特爾舉辦了歐洲首次的"《法華經》和絲綢之路"展覽。

展出了俄羅斯科學研究院東方學研究所收藏的彼得羅夫斯基本《法華經》等重要經典的抄本，木版本30件。該展覽作為對佛教研究的學術貢獻，在歐洲學術界引起了很大反響。

在開幕式上，德國佛教學會的第一人格廷根大學貝黑魯特教授致辭說，眾所期待的《喀什噶爾出土梵文〈法華經〉抄本斷簡》由創價學會出版了。從參加的佛教學者那裏聽到了歡喜讚嘆的聲音。

這個梵文《法華經》抄本的出版，也是由相關人員的莫大努力才得以實現的。1994年創價學會為了出版梵語等《法華經》抄本系列，成立了委員會。編輯和涉外事物委託給了東洋哲學研究所。

1997年作為"《法華經》抄本系列"第一卷，和中國旅順合作出版了《旅順博物館所藏梵文〈法華經〉斷簡》（旅順本）。1998年完成《尼泊爾國立公文書館所藏梵文〈法華經〉抄本——寫真版》（尼泊爾本）。還在2000年春天出版了第三卷《喀什噶爾本》。

"喀什噶爾《法華經》抄本"是這個世紀初在中國新疆的和田以西的喀什噶爾發現的。格廷根大學印度學佛教研究所的庫拉烏斯·威勒博士收集整理了散落在歐洲各地的梵文《法華經》斷簡（破損的抄本）照片，完成了羅馬字轉抄本對照表。後來這一力作作為創價學會的"《法華經》抄本系列"出版了。出版用的彩色照片也是威勒博士從保存抄本的各個學術機構索取後郵寄來的。完成後的"喀什噶爾本"的反響極為巨大。

包括慕尼黑大學教授德國佛教學者代表性人物哈魯特曼博士在內的許多人都對推進這項"無法比擬的高品位的《法華經》抄本出版"的辛勞作業表示了感謝。梵語佛教抄本的世界性權威勞拉贊達博士也感謝地說："對闡明這本神聖的佛典《法華經》抄本作出了莫大貢獻"。

創價學會能夠承擔把人類遺產《法華經》發揚光大到後世的重任，是莫大的歡喜。

❖ 人類至寶走向未來、走向世界

無論如何，從 20 世紀到 21 世紀，時代迎來了巨大變革期。《法華經》是在這樣的巨大變革期散發更偉大光輝的經典。

我和創價學會教學部的三個英才交談的《〈法華經〉的智慧》第六卷也出版完結了。

幸而得到許多讀者的喜歡，我很感激。在談話中間，我直截了當概括了《法華經》的魅力如下：

《法華經》教導打破無力感的與宇宙等大的"心之秘寶"。教導了一面呼吸宇宙的大生命，一面朝氣蓬勃活着的人生。教導了自己變革的真正大冒險。

《法華經》有着把所有人都包容到和平裏面的寬闊胸襟。有着絢爛的文化和藝術薰香。打開了何時都能活在"常樂我淨"[6]、何地都能活在"我此土安穩"[7]的大境界。

《法華經》有和邪惡作鬥爭的正義故事。有鼓勵疲倦的人的溫馨。有去除恐懼的勇氣在鼓動。

有自在遊戲三世的歡喜合唱。有自由的飛翔。

有璀璨的光芒，有花朵，有綠樹碧草，有音樂，有繪畫，有電影。

有最棒的心理學，有人生學，有幸福學，有和平學。有"健康"的根本軌道。

讓人覺悟到"心變一切變"這一宇宙真理。

既不是個人主義的"荒野"，也不是集體主義的"牢獄"——具有使人們互補互相鼓勵地活着的慈悲淨土出現的力量。

資本主義是以人為手段的，但是這裏，人成為目的，人成為主人，人成為王者——根本的人性主義存在於"經

6　常樂我淨，《涅槃經》和《勝鬘經》中講到的佛的境界和大乘涅槃所具備的四種德。稱為"四波羅蜜"或"四德"。

7　我此土安穩，《法華經》如來壽量品之中的句子。意思是佛所居住的國土安穩。

中之王"《法華經》裏面。

《法華經》這樣的主張，我想暫且稱之為"宇宙間的人性主義"、"宇宙間的人道主義"。

聖訓云："提及《法華經》，為具使一切眾生成佛秘術之經典。"

—— 現在翻譯為可以稱為現代世界語的英語，獲得了新的生命。這一人類至寶將一定會氣勢軒昂地走向未來、走向世界。

亞洲的深邃靈魂

太陽莊嚴緩慢地下沉了。

天空和大海的顏色無時無刻不在微妙地發生着變化。靜寂支配着四周。不，也許是莊嚴的自然運行讓人忘記俗世的喧囂。

這是第二次訪問菲律賓（1993 年 5 月）。從面對馬尼拉灣的勞哈斯大道的下榻處，美麗的夕陽一覽無餘。

天空燒紅了，幾根朱色帶狀雲呈半圓形向天邊伸展，倒映在海中。

一直在迫近的漆黑黑暗使夕陽周圍凸現出來，栩栩如生。

這是令人屏息的絕妙色彩的交響樂。

想讓恩師戶田城聖先生看看這一美景……我突然想到這些。

　　　　　　民望雲開能見月
　　　　　　我送太陽照亞洲

恩師 1956 年元旦想到動亂不斷的亞洲民眾，吟了上面這首詩。

眼前的馬尼拉灣，停泊着幾艘大型外洋船舶。

馬尼拉灣地處呂宋島的西南部，巴丹半島在西岸把它和中國南海隔開。海灣入口處浮着要塞之島科雷希多島。

縱深 50 公里。是天然良港。古代是聯結中國和墨西哥的阿卡普爾科的帆船貿易中轉基地，一直持續了 250 年。

小船穿梭般頻繁往來於停泊中的船舶之間。航跡產生波紋，又擴散開來。

平靜的大海上，喧鬧着的波濤搖曳着燃燒的落日。只有那色彩在跳動。

恩師經常説，人生的最後像夕陽一般吧。美麗的夕陽預示着明天的晴天。戶田先生的人生本身就彷彿火紅燃燒着的夕陽一般，是成就了一切心願偉業的王者的晚年。波濤粼粼閃耀的大海上，恩師的面龐倏忽一現……

我被邀請參加了菲律賓最高學府國立菲律賓大學的國際教育交流設施"和平之家"的開館儀式。

大學給這個設施冠上了我的名字"池田會館"，讓我感覺很榮幸。

初次訪問菲律賓的時候，我從該大學獲得了名譽法學博士的稱號。

阿布依巴校長在開館儀式上演講。

「我們清楚，池田先生的和平組織的先驅們，在日本軍國主義統治下，受盡折磨。」

「為了實現作為征服者、壓迫者的企圖，在 20 世紀三四十年代，給亞洲幾乎所有地區的人們造成巨大傷亡、帶來罄竹難書的恐怖和屠殺的元兇，正是這些軍國主義者。」

「我們知道並經歷過這些，因此我們這一代以及我們的後代必須果敢地挺身而出，走上推進和平的道路來防止戰爭。」

校長的父母親為了祖國的自由而戰，被日軍殘酷地殺害了。那時校長 16 歲。

第一次見面的時候校長說：

「歷史上，戰爭的領袖有很多。但是和平的領袖卻很少。我想培養和平的領袖。」

校長對「和平之家」寄予的希望是很深厚的。

對此，我回應道：「這個知性交流中心冠以我的名字，我想把這項殊榮獻給我的恩師。」

「日本只有獲得了過去曾百般蹂躪的亞洲國家民眾的衷心信賴，才可以成為了和平之國。」這是恩師的教誨。

我再次思索：為甚麼日本不能得到亞洲的信賴呢？為甚麼日本人不能尊敬亞洲呢？為甚麼日本失去了作為亞洲一員的靈魂，無法擁有與亞洲國家的友誼，失去得以立足的基礎，像無根草一般要漂流到甚麼時候呢？

✤ 拉莫斯總統富有啟示的日本觀

在思索"亞洲中的日本"這個問題上，前些天和拉莫斯總統在馬拉卡楠宮的會談是富有啟發性的。

這次會談阿布依巴校長也在座。

我們談話中展望了亞太時代。這時，我詢問了總統無所忌諱的日本觀。拉莫斯總統分為四個階段來回答。具體如下：

第一階段——日本佔領菲律賓（1942 年）以前，信息較少，印象不好。

第二階段——佔領後的印象也是不好的。無論如何都和困難交織在一起。

第三階段——獨立（1946 年）後特別是這 30 年間，印象變好了。

第四階段——認為今後會逐步進入亞太時代。相信日本作為關鍵性存在，會對這個地區的和平安全和發展作出創造性的貢獻。希望日本和中國不要像 20 世紀 30 年代那樣處於非生產性、破壞性的關係之中，而是對整個亞太地區發展作出貢獻。不能重複歷史。

總統這樣說。我從中聽出了對過去的痛切揭發。

在此之上，總統又說菲律賓在人才和資源方面有着莫大的潛力。在地理上也處於亞太地區的重要位置。地理位置本身就説明菲律賓能對這個地區的發展作貢獻。總統的口吻明快而自信。

阿布依巴校長也在席上不斷地點頭。

❖ 朗誦長篇詩歌的阿布依巴校長

第二天就是離開菲律賓的最後一天。訪問了校長位於馬尼拉首都圈安特坡勞高崗上的府邸。在屋頂平台上，眺望着染紅馬尼拉灣的詩意盎然的晚霞，我們進行了交談。

校長和我都是 1928 年生。我們都拚命活在那個被軍靴踐踏的青春正午之前。校長説：

"我想過去的事情就不要提了，現在講現在的事情。這樣我現在才能和池田先生見面結下友誼。這個姿態本身就象徵着兩國的和解。和池田先生一起反對戰爭，為了和平而戰鬥，齊心協力邁向更美好的世界。這是多棒的事情啊。"

日本對本國犯下的重大錯誤不予以承認，拒絕謝罪，甚至還要掩蓋歷史真實。與這種不誠實、反應遲鈍、不老實相比，這是多麼寬廣的胸襟啊。

我們不能忘記亞洲的這顆深邃靈魂。也不能辜負這種寬大。

轉到陽台上後，談話漸入佳境。校長突然站起來。

實際上，在之前的“和平之家”開幕式上，我贈給校長一篇題為“教育”的大地上照射“自由的太陽”的長篇詩。

詩中，我寫了校長的半生，回顧了我們的會面。

“讀了兩遍。有些地方讓人熱淚盈眶。是首深刻而美麗的詩。並且還包含着璀璨發光的理念。”

校長站着說畢，朗誦了我那首詩的一些章節：

把青年呼為“祖國的希望”的黎薩喲

是多麼偉大

那痛切的吶喊如今

與青年才是“世界的希望”的吶喊合為一體

在我心中強烈迴響

……

只有人才能培育人

人與“培育人的歷史”一同不朽

……

投向無罪民眾的

無數殺戮、暴行、掠奪……

博士敬愛的雙親也

成為暴虐的犧牲

我作為一個日本人

深入思索和平
作為佛法修行者
從心底為他們祈禱冥福
向說出"不怨恨日本"的博士的
心胸寬大而合掌

　　朗誦中的校長，臉頰泛起了紅潮，聲音有時顫抖。黃昏時候，九重葛等南國的花兒散發着微微的香氣。

向所有權力的蹂躪站起來的
經歷了所有自然考驗的
菲律賓的人們
在這樣的環境中
沒有失去笑臉
沒有失去人的驕傲和善良
氣節高尚的民眾
他們的不屈和勇敢的光輝
我將大大讚揚
⋯⋯
我想和你們分享
用我生命的一滴一滴血
締造"人"締造"時機"的
無上鬥爭喜悅

夕陽完全落下了，不知何時，黑暗加深了，大街小巷的燈光更加璀璨了……

❖ 和創價青年一起走恆久和平之路

1997 年春天，從校長職位上退下來的阿布依巴博士從遙遠的菲律賓趕來參加了創價大學、創價短期大學的開學典禮。

這時入學的創大第 27 屆學生正好在 2001 年 3 月畢業。

和這些學生一起，結束 20 世紀，敲響 21 世紀的曉鐘。我們以這樣的想法迎來了這次開學典禮。

阿布依巴博士也去祝福了年輕的學生們，對他們寄予了很大的希望。

我作為創立者對這些選擇了創價大學、創價短期大學的青年才俊們表示了感謝。

然而，他們也是承擔新世紀重任，不，應該說是必須讓他們承擔重任的後繼友人。

我在開頭就毅然講道：

"創價大學是為了培養真正的‘學究之人’而創立的。嚴厲過分到即使大家都跟不上，只剩下一個有真本事的也好。只要有一個認真的學生就好。只要出來一個真正能對世界有貢獻的學生就好。這就是創價大學的精神。"

這天中國的大連市文化局局長王永林先生、旅順博物館館長劉廣堂先生、中國社會科學院的蔣忠新教授也參加了典禮，送給我旅順博物館名譽館員的稱號。

甲午戰爭的 1894 年，日軍在旅順進行了大屠殺。據說這次大屠殺，除去為了處理屍體而"留下性命"的 36 人，奪去了約 2 萬人的生命。

我在演講中憤怒地提及關於這段非人的歷史。

這時正是右傾化潮流開始令人擔心的時候，也有人開始指出國家主義風潮正在年輕人中逐漸擴大。

法西斯不是單純的獨裁制。在歷史上它經常狡猾地操縱大眾心理來耀武揚威。因此，青年們必須要變得聰明一些，必須要監視權力。

我對新生們呼籲，帶着希望懇切地呼籲：

"因此，需要使民眾變聰明的和平教育，需要慈悲的佛法。"

"以和日本法西斯對決的牧口常三郎這位和平殉教者為原點的我們創價大學，是轉換這一歷史的要塞。"

不想了解本國過去的錯誤，不僅如此，甚至要美化過去的想法。

還有，這些過去的事情和現在的自己毫無關係，無視或者旁觀的想法。

克服這樣的人性弱點，認識正確的歷史，在此之上，開拓正確的未來道路。這樣的勇氣和理性，對於今後的日本是絕對不可欠缺的。

法國的著名作家讓‧惹內曾去過某難民營內發生的屠殺現場。領路的人説：

"看啊。那裏。"

殘酷地被殺害了，並且死後還傷痕纍纍的屍體。

"看啊。那裏。"

這次是另外的屍體。

"看啊，那裏"……

"看啊"、"看啊。"

無法閉上眼睛。

無法掩上耳朵。

我們要把人們的痛苦刻在眼睛和耳朵裏，刻在心上，建造不再重複這樣殘酷慘事的城堡和要塞。

日蓮大聖人著名的〈立正安國論〉開頭這樣寫道："有旅客來嘆曰，近年至近日，天變地夭，饑饉疫癘，遍滿天下，廣佈地上。牛馬倒於街巷，骸骨充於路旁。至死之輩已超大半，不悲之人斷無一人。"

大聖人凝視着這個世上的悲慘，打開了人類永遠的"和平和人道的大道"。

我在這條大道上勇往直前。

我想和創價的青年諸君一起在這條恆久和平的道路上一直走下去──訪問世界，尤其是亞洲各國時，我的強烈願望一直是這個。

2001 年春天，出色成長為真正的年輕"和平鬥士"的創價大學第 27 屆學生，從以"晚霞淡紅"歌而聞名的有着美麗夕陽的八王子天地，愉快地畢業啟程了。

和平的敍事詩《新・人間革命》

佛法是"現當二世"[8]。

廣宣流布是直視"現在"的同時,以"未來"為生命線。領導人承擔"現在",開拓"未來"。

因此,焦點是培育人才,是青年。我明知是給自己找辛苦,還是決定要執筆寫小説《新・人間革命》,就是因為這點。

戶外的樹木綠蔭在朝霧的洗禮下,更加熠熠發光。1993 年 8 月 6 日,我在長野研修道場開始寫《新・人間革命》的最初原稿。

> 沒有比和平更尊貴的
> 沒有比和平更幸福的
> 和平纔是人類應邁進的根本的第一步

我一氣疾筆寫下這些。醞釀了很長一段時間的一節詩

---

8 現當二世,佛教用語。指現在和將來、現世和來世。是與前世相對而言的。

與小說《人間革命》開頭形成對比。

> 沒有比戰爭更殘酷
> 沒有比戰爭更悲慘
> 但是，戰爭仍然在繼續着

❖ 在廣島投下原子彈的日子開始執筆

執筆開始的日子，正值在廣島投下原子彈的第 48 周年。

戶田城聖先生在去世的前一年 9 月，把《禁止原子彈氫彈宣言》作為遺訓的第一條發表了，把弘揚這一思想的任務託付給了門下青年。這正是反對戰爭被軍部勢力投入監獄而縮短了生命的先生凝結其一生的宣言。

剛剛留下宣言，恩師就想拖着衰弱的身體去原子彈爆炸地廣島。恩師吶喊道："死也要到廣島去。"我一直痛切地銘記着恩師的這一遺志。

這樣，起筆創作"廣宣流布"即"持久和平"的敘事詩，沒有比在 8 月 6 日更合適的了。

在長野研修道場開始執筆也令我感慨頗深。

那是在禁止原子彈氫彈宣言發表的一個月前。我被戶田先生叫去，趕往夏天的輕井澤。

在宿舍懇談的時候，先生談及他自己的小說《人間革命》。

"怎麼樣，有何感想？"

前一個月的 7 月，我因大阪事件入獄的時候，精神食糧就是戶田先生的《人間革命》。

入獄之前，在羽田機場，我從戶田先生那裏收到了剛完成的一本。

審訊人員威脅我說"要抄學會本部"、"要逮捕戶田會長"。與之作鬥爭令我堅持下來的支柱，就是小說中描寫的同樣在獄中生活的恩師的勇氣和不屈的鬥志。

我如實回答：

"主人公巖先生在前半部分是愉快的小說中的人物。到了後半部，巖先生就是戶田先生本人，從他在獄中的憤怒的吶喊和誓言中，我學到了師弟不二的姿態的崇高之處。"

大致說了這些。先生聽後靜靜地點頭說："是這樣啊。"

在戶田先生的《人間革命》中，有一個場面描寫巖先生望着牧口常三郎先生的背影想：

"感覺（牧口先生）在拘留生活中變了。……感覺脖子變細了，肩膀變瘦削了。……他焦躁難過地想能不能讓先生現在成為自由之身呢。"

接着是牧口先生被送往東京拘留所的場面 ——

巖先生面無人色地從椅子上站起來，好像要挑釁刑警一般地說：“請讓我和牧口先生說再見吧。”

“巖先生面對着牧口。但是滿心的悲傷不斷湧上來，兩眼熱淚不止，年邁的恩師的臉龐都看不清楚了。

'先生……保重身體……'

他只說了這一句話。然後就嗚咽着再也說不出來了。”

牧口先生跟着刑警出門後上了汽車。

“巖君，怎麼了。巖君不一起去嗎？”

這一蕭穆的情景令我想起了在世時的師弟。

戶田先生談到牧口先生的時候，是非常蕭穆的。“初審官對我說'牧口死了'的時候，我一生都沒有那樣悲傷過。那時，我就下決心：'好吧。你們瞧着。我要證明給你們看先生是正確的還是不正確的。如果自己使用別名，那就使用基督山伯爵這個名字，做出大事來報答先生。'……我準備一定用我的一生來證明先生的行動是正確的。”

在輕井澤，恩師說：

“我只是把自己經歷過的領悟了的真實告訴大家。採取小說這個形式，是因為覺得這樣更適合描寫真實。”

還有幾分害羞似的這樣說：

“儘管如此，能寫牧口先生，卻不能詳盡地描寫自己。”

不能寫自己 —— 這句話現在還響徹腦海中。那麼，由誰來把恩師的真實留給後世呢？我在內心深處發下了堅定的誓言：“總有一天要以戶田先生為主人公寫部小說。”“不，是一定要描寫先生的真實。”

輕井澤談話不到一年，恩師就逝世了。在學會要土崩瓦解的街談巷議謠傳中，我奮不顧身地挑起了學會的重擔，保護了同志們。

幾年之後，1964 年 4 月，在戶田先生逝世七周年的法會上，我以堅定決心正式表示要開始執筆寫《人間革命》。

戶田先生的筆名是“妙悟空”。這來自於《西遊記》中有名的孫悟空。

“妙”是通曉妙法，是指宇宙森羅萬象的根本法 —— 佛法。

作為弟子的我起了“法悟空”的筆名。兩個筆名合在一起就是“妙法”。

“妙”是本源，“法”是現象。

“妙”是佛界 [9]，“法”是九界 [10]。

9　佛界，佛教用語，佛的境界。從迷到悟的所有境界分為十種，佛界是“十界”中最高的境界。十界是《華嚴經》、《法華經》中所說的，在天台教學中被體系化了。

10　九界，佛教用語。十界中能窺視到佛的境界。還沒得到開悟。

"妙"是法性[11]，"法"是無明[12]。也就是說，"妙"是師匠，"法"是弟子。這正與"師弟不二"相通。

說起 1964 年，是日本戰後經濟復甦進入發達國家行列的時候。同年秋天，召開了東京奧運會。

但是另外一面，東西方冷戰加劇。同年 8 月，發生了所謂"北部灣事件"。美國立即向北越基地進行了報復性攻擊，第二年 2 月，美軍開始轟炸北越。越南戰爭陷入泥潭。轟炸北越的轟炸機從沖繩的美軍基地起飛。

正因如此，我把《人間革命》執筆的開始地，選在了在戰爭慘禍下最苦不堪言的沖繩。

因為，我希望，能從我熱愛的"珊瑚之島"、不屈的"沖繩人"這個圈子，把和平和幸福之波擴大到全世界。

雖說是臘月，沖繩仍然是暖暖的 12 月 2 日。

故事的主題就是"一個人的偉大人間革命最終會造成一個國家命運的轉換，進而也可能轉換全人類的命運"。

這個世界，還品嚐着"二戰"悲劇生靈塗炭的痛苦，另一方面冷戰又不斷加劇，硝煙不止，人類的業火在猛烈地燃燒着。這個故事主題就是要從正面關注無法找到出口的人類苦悶，給出一個答案。

---

11 法性，佛教用語。是事物的本質，不變的本性。
12 無明，佛教用語。不明事物的真相，是迷的根本。

1965 年 1 月 1 日的聖教新聞開始連載《人間革命》，到全部 12 卷脫稿為止，花費了 28 年的悠長時間。如果從開始構思算起，有四十幾年。

　　報紙小說的連載，只要一開始就不能後退。在日本和世界上東奔西走的繁忙日子裏，我開始了和寫稿的格鬥。

　　在身體狀況不太好的時候，我像要鼓勵自己一般，盡量要多寫哪怕一個字或者一行。往往是積攢了一張又一張稿子後，就寫個"正"字。

　　並且所到之處都放稿紙，盡可能能隨時隨地執筆來挑戰這項工作。

　　有時還在海外出差地寫稿到深夜。有時也在去地方指導的車中進行構思。有時和對談等稿子重合了，還要苦於輪番思考。

　　還有時因為宗門的卑劣陰謀甚至都無法正常執筆連載，令人焦急萬分。

　　但是，終於到了脫稿的時候了。1992 年 11 月 24 日晚上 10 點，我十分感慨地靜靜地放下了筆。最後的稿子上寫着：

《人間革命》12 卷　完結

獻給我的恩師　戶田城聖先生

弟子　池田大作

報紙連載的完結還要晚一些，是第二年的 2 月 11 日。巧合的是這一天是戶田先生的誕辰。

我在巴西和文學院總裁阿塔伊德先生會談。先生 94 歲了。如果戶田先生還健在的話，和總裁是同一個年代。我收到了該學院國外會員的證書，同時想起了無時無刻不志在廣布世界的先生。

我的親筆原稿每卷都裝訂好後在學會本部保存着。

前些天，應韓國 SGI 朋友的請求，讓他們看了原稿。

第四卷的扉頁上，我這樣寫道：

《人間革命》此部原稿
為吾師戶田城聖先生廣布之真實巨著
弟子池田大作誠心之作
勿要相信一切責難與陰謀
吾之門下應牢記

又在第八卷中寫道：

死身弘法不惜生命
此心為學會精神

❖ 描寫高尚地生活着的地涌羣像

《新・人間革命》從就任第三任會長的山本伸一在 1960 年 10 月 2 日啟程巡訪美國、加拿大、巴西三個國家的時候開始寫起。

戶田先生一次都沒有到過海外。但是，恩師的視點就像在"地球民族主義"提倡中所看到的那樣，始終存在着對亞洲民眾苦難的同情，關注着世界人民的安寧。並且根據佛法的普遍性、世界性，進行了宇宙般廣闊的恢宏思考。

佛法的人本主義是如何包容世界的，民眾的凱歌是如何打開人類歷史新的地平線的——銘記恩師教誨的弟子之旅，第二年達成了印度訪問，之後又進行了多次海外訪問。

創價學會進行的世界性佛法流布，自從邁出第一步已經過去四十餘年了。擴展到了世界 180 個國家和地區。從草創期到海外去的會員開始，不依靠任何權威和權力、財力，受到無名民眾真心行動的支持，完成了前所未有的廣泛傳播。

並且，不是作為形式化的僵死的宗教脫離生活，而是作為以人為目的的活的宗教，充實着人們的日子，給人生以蓬勃的力量，培養向社會作貢獻的精神。

這一佛法流布的開展，把日蓮大聖人"一閻浮提廣宣流布"的願望，在七百多年後變成了現實。

記錄這個真實的《新・人間革命》可以說是世界廣布

的敍事詩。

過去謝里曼讀了荷馬敍事詩《伊利亞特》中記載的故事，堅信特洛伊遺蹟的存在並進行了挖掘。

《新‧人間革命》描寫的是這樣一羣地涌的羣像。他們不求任何名譽，也不求任何報酬，只是堅強地高貴地活着，為了廣宣佛法。我希望後世的人們能夠從這些民眾的軌跡中找出未來的指針，於是開始了執筆。

❖ 只有對話能超越一切差異

《新‧人間革命》進行構思的時候，同時我還在做另外一件事情。

那就是準備在哈佛大學的第二次演講，準備訪問美國的學術、教育中心據點東海岸。

還在推進與處於新自由經濟改革陣痛中的俄羅斯的友好活動。從這個過程中，後來產生了和蘇聯戈爾巴喬夫總統的對談。

東西方冷戰雖然終於結束了，但是未來還處於濃霧之中。

如何打開沒有戰爭、沒有暴力、沒有悲劇的 21 世紀呢？

消費至上主義一齊覆蓋了全世界，還有一路狂奔向無止境的慾望膨脹的危險性。

在東歐各國，國民獲得自由不勝喜悅的同時，也開始出現新的對立和混沌的萌芽。

在這個歷史分歧點、分水嶺上，作為擁有至尊哲理的人，現在應該做些甚麼呢？《新‧人間革命》的字裏行間，存在着我對這樣的世界的祈禱，存在着我對新時代的誓言。

如何向世界呼籲呢？

我的結論就是一個，那就是“和人見面”。誠實會超越意識形態和種族、信條、宗教。只有作為人的誠心誠意的對話才能超越一切差異。

《新‧人間革命》根據以往海外經驗從各個角度寫了作為世界公民的標準。

第一次訪問美國就對驚嘆我來到遙遠異國的朋友提出了具體目標：

第一，獲得公民權。

第二，考取駕照。

第三，掌握英語。

成為在自己居住地大顯身手並受到所有人信賴的公民。首先要得到別人喜愛，結下友誼獲得理解。因為在逐漸達成這些的過程中，才會有廣宣流布。

並且還這樣寫道：

「雖說是美國，也不過是像院子一般。重要的是境界革命。」

還這樣呼籲道：

「入鄉隨俗。應該站在那個國家的價值觀、文化、感覺上。將來的世界會越來越狹小吧。重要的是心靈的世界性。」

不能用日本的文化和傳統、價值觀評價形形色色的國家。應該認識並接受世界的多樣性。這是邁向世界公民的第一步。

恩師戶田先生不是在現在的延長線上談論未來，而總是站在應有未來的角度上以俯瞰的視角來考慮現在。

我在心中重複着恩師的字字句句，每天用和恩師對話的心情，提筆寫作。在我身旁，好像能聽見恩師清嗓子的聲音。

先生諄諄教誨說：

「佛法是為了人類為了全世界民眾幸福的大法。正因如此，人類所面臨的課題對於佛法修行者來說是不能迴避的問題。避開這些，就不能稱為旨在給民眾帶來幸福的佛法修行者。是這樣吧。」

❖ 創造、記錄、留下歷史

從這個意義上講，我希望，能通過《新‧人間革命》直視現代史，同時給人類面臨的新課題提供一個觀點。

並且還想隨處留下點綴歷史的人物故事。

"人開創時代，時代造就人。"

在歷史劇本中，嵌進人這個活生生的要素，會把歷史變得平易近人。人的力量會成為變革時代的力量。

這也是戶田先生教給我的。

第一卷描寫了美國的羅莎‧帕克斯女士與種族歧視作戰的運動。第三卷寫訪問印度的地方，談及甘地和泰戈爾等。

第四卷寫了牧口先生在《創價教育學體系》序文中介紹過的丹麥大教育家葛隆維和年輕的接班人克魯。令人意想不到的是，我從繼承了葛隆維教育理念的"開放的民眾大學"奧斯考國民高級中學獲得了教育貢獻獎，令人感到緣分的深厚。

也把釋尊、耶穌、穆罕默德這些世界宗教的創始人還原為人進行了描述。

毋庸贅言，佛法闡明了生命的無限尊嚴，高唱尊重人權，以寬容精神為本。

因為防止宗教間的無益紛爭，推進相互理解是作為佛法修行者的當然使命。

第三卷中談到的釋尊是進行座談的高手。正像德國哲學家雅思巴斯曾把釋尊描述為"自由自在使用語言的人"那樣，教團的發展來自於釋尊對朋友充滿慈愛的靈魂的語言。

關於耶穌，在第五卷中給予了一定篇幅。他作為人對每個人都是平等相待。對於窮人和病人也是如此。通過其受難的一生，留下了超越民族和國家的普遍的愛的原理。

在第六卷中談到的穆罕默德認為人的價值不是出生門第等外在因素決定的，而是信仰這個內在東西決定的。

每個創始人都是深入到民眾中間，仔細觀察他們的生活，與他們同甘共苦，同時考慮如何在現實中給予他們希望。這才是宗教的生命線。

挖掘這些人物像，描寫他們作為人的偉大之處，探索了這些宗教能夠成為普遍性宗教的原因。

筆觸有時還涉及文化和教育課題。

自古以來，宗教就是許多藝術文化之花盛開的源泉。耕耘民眾的生命使之更加肥沃的佛法成為文化創造的肥沃土壤是確鑿無疑的。（第五卷、第七卷）

教育正像牧口先生斷言的那樣，教育的目的在於使兒童們幸福。與此相對，在日本，一貫執行"以國家為目的的教育"政策，戰前是為了富國強兵軍事優先，戰後是經濟優先，真正的主角——孩子們卻被埋沒了。現在正應該

是締造"以教育為目的的社會"的時候。（第七卷）

我想今後與喜愛這套書的讀者們共同創造歷史、記錄歷史、留下歷史。

❖ 正確的人生是甚麼

到完結還有多少呢？

預計是 30 卷，執筆是在與有限時間的鬥爭。（2001 年 12 月末，現在 12 卷終了）

總之，為了完成自己在這個世上的使命，只能是燃燒生命的火焰。

大仲馬的大作眾所周知的《基督山伯爵》原本是報紙的連載小說，據說哪怕偶爾只有一天休息不連載，巴黎市民不必說，全法國都陷入到陰鬱的氛圍中。這對作家來說是非常幸運的。

《戰爭與和平》的托爾斯泰完成大作花費了 5 年。

《悲慘世界》的雨果執筆初稿後，曾中斷了 12 年。再次開始執筆的 2 年後出版了這本書。這些大作家都是年過八十還生機勃勃地執筆創作着。哥德也是如此。

恩師每天早上都通過可以稱為戶田大學的一對一的講課對我進行薰陶教育。

我認為，《新‧人間革命》是我對每個後繼青年人每天早上講話的空間、時間。

沒有甚麼能束縛我。只有盡我所能揮筆銘記真實。

想到每天都把書稿送到聖教新聞的尊貴的“無冤之友”們，我就精神百倍。

連載立即被翻譯為英語、漢語、韓語、西班牙語、葡萄牙語等語言，被發送到世界各地。我對付出翻譯辛勞的各位人士也表示衷心的謝意。

不管怎麼樣，連載擁有歲月流逝的滄桑沉重，會正確區別出甚麼是正甚麼是邪、甚麼是善甚麼是惡吧。誰做了些甚麼，歷史會作出嚴正的審判吧。

我只要一息尚存，就會繼續寫下去。今天，明天……

正確的佛法是甚麼？正確的人生是甚麼？還有，正確的師弟是甚麼？

因為我想真摯地不停地尋求這些。

三

人生的真髓 "不屈的靈魂"

（1994）

開放中國的象徵・深圳的奇蹟

深圳是令人懷念的地方。

我在中國的第一步就是始自深圳。那是在 1974 年 5 月末。

當時深圳還是個小小的農村。薰風習習的新綠田園，自然的樸素靜靜地散發着光輝。

自那以後整整 20 年 ——

1994 年 1 月末，我第九次訪華時從香港驅車前往深圳。

如今深圳作為"經濟特區"成為"開放中國"的象徵，成為新世紀希望的窗口，取得了很大的發展。

我瞠目結舌。高樓鱗次櫛比，立交橋上車水馬龍。手機聲音此起彼伏。人們一個個朝氣蓬勃地來來往往，充滿了活力。

20 年是一個人生下來成為成人的歲月，不亞於這個生長速度的深圳的飛速發展說是"奇蹟"也不為過。

到達深圳市的晚上，該市主持舉辦了歡迎宴會。

席間，厲有為市長說："深圳市得到世界友人們的支持，在這一年期間在改革開放、發展方面取得了新的進展"，並列舉了下面的具體數字，介紹了成長情況。

亦即，去年的生產總值是 413 億元，與前一年同期相比增長了 30%。工業總生產值是 231 億元，與前一年同期相比增長了 41.5%。對外貿易出口總值是 78 億美元，同樣是增長了 53.1%。財政收入是 67 億元，取得了 34% 的增長。

簡直就是沖天氣勢的飛速發展。

關於這個被稱為"深圳速度"的令人嘆為觀止的發展態勢，如果與"經濟特區"設立前的狀況相比，就會更容易明白。

在第二次訪問深圳的 3 個月之前，蔡德麟校長曾經訪日，在創價大學為我舉行了深圳大學名譽教授的授予儀式。我在謝辭中，說了下面的一番話來讚嘆深圳的偉大發展。

與經濟特區設立前（那時是 14 年前）相比，工業生產總值上升了 400 倍，市區面積擴大 100 倍，出口外匯收入增長 350 倍，國民生產總值增長 50 倍，國民收入增長 44 倍，居民存款增長 122 倍……

❖ 日中友好的原點之地 —— 深圳

在現代化高層建築的下榻處窗戶眺望到的風景中，我發現了令人懷念的鐵橋身姿。那是架設在深圳河上的羅湖橋。

20 年前，我步行過這座橋，進入了中國。這是發展為日中友好的 "金橋" 的原點之地。

眺望着羅湖橋，我感慨頗深地回憶起當時的情景。

那還是沒有從東京到北京的直航飛機的年代。來自日本的為數極少的旅行者們，只有從香港徒步進入中國內地這一條路線。

從香港下榻處前往九龍車站乘上火車的時候，正下着雨。到香港的最後一站羅湖站乘火車大約是一個小時的旅程。從車窗向外眺望，大海時隱時現。在一片葱蘢翠綠之間，點綴着盛放紅色花朵的火焰樹（鳳凰樹）。花如其名，是如火焰熊熊燃燒一般。

到達羅湖站的時候，雨停了。準備好的雨傘也用不着了。

在羅湖站完成通關手續，沿着鐵軌走了一會。位於羅湖和深圳邊界的深圳河是一條小河。步行 50 米左右過了有着頂棚的羅湖橋，進入了深圳。給身着卡其色軍裝的人民解放軍戰士出示過護照之後入了境。是在正午之前。

午後，從深圳坐火車去了廣州。在無邊無垠的田園和綠色原野上行駛了兩個小時左右，3 點之前到了廣州站。

廣州是被稱為中國 "南大門"（南面正門）的大都市。

在廣東迎賓館中國人民對外友好協會的各位人士為我舉辦了歡迎宴，之後我前往白雲機場。

紅色的夕陽正要下沉。寬闊的大路上，下班後急着回家的人們自行車排成長列。行駛在路旁長着桉樹的道路上，到達大公園一般的白雲機場，晚上七點之後，飛機飛往北京。

晚上 9 點 41 分到達北京機場。儘管是晚上，中日友好協會的廖承志會長夫婦以及許多要人都特意來到飛機舷梯下迎接我。

雖然是急行軍一般，但對於我來說是具有歷史性意義的一天。難以忘懷的最初的友誼之門就是深圳。

深圳經過 20 年的歲月，現在成為急速成長的華南經濟圈的中樞。這真是令人高興的事。

❖ 實現和已故胡耀邦總書記的約定

目睹深圳的飛躍性發展，我想起了胡耀邦總書記的笑臉。

總書記對我說"請訪問深圳吧"，那充滿自信的口吻又響徹耳邊。

和胡耀邦總書記的會見是在 1984 年 6 月，在北京的人民大會堂，歷時一個半小時。前一年，總書記作為國賓訪問的時候，我們見過一面。這次是第二次會見。

笑臉和輕鬆、坦誠的說話方式，尖銳、新穎的觀點。敏銳、腦子轉得快。感覺是一點即透。說話毫不冗長拖沓。能瞬間得出結論。是個具有魅力的領導人。

年輕時，曾參加那次偉大的長征。是身經百戰的鬥士。曾組織並薰陶教育中國的青年們。掌航改革開放時能直視現實。是個傑出的領導人。

我也是江戶出身，不喜歡拐彎抹角地說話。喜歡單刀直入、開誠布公地坦率談話。在這點上，我和胡耀邦總書記的會見是融洽的。我們兩人的速度太快了，翻譯大概很辛苦吧，我不禁追憶起他們的辛勞來。

但是中日雙方的翻譯都很完美無缺。

擔任胡總書記翻譯的是中日友好協會事務局的劉子敬先生，是創價大學來自中國的第一批交換留學生。

擔任我翻譯的是洲崎周一，是創價大學第一屆海外留學生。他香港出身，粵語雖然很熟練，但是學習北京話好像付出了很大的努力。那時他已經掌握了流暢的北京話，成長為一個著名翻譯。作為創立者，創價大學的畢業生在世界各地活躍的英姿令人無比欣喜。

會見始終是和睦的，談話意義深遠。最後胡總書記說："下次池田先生來的時候請看看深圳、珠海、中山。我也前些天剛去過，非常好的地方。這三個地區的發展是非常顯著的。」

胡總書記雖然去世了，但是我實現了那時候的「訪問深圳」的約定。

❖ 發誓要加深友好、交流

深圳是開放中國的最前端，深圳大學是承擔這一發展的最前端，是深圳特區唯一一所綜合性大學，有 14 個系、8 個研究所，超過 6000 名的學生在此學習，具有理念先進的教育制度。我作為名譽教授發表了題為《「人本主義」大地無垠》的紀念演講。

—— 在中國，有個來源於民眾生活實感的「量體裁衣式的構想」。乍看上去彷彿是矛盾的，沒有條理性，但是通過實踐卻能證明其合理性，具有人本主義的深邃智慧。「社會主義市場經濟」就是這一智慧的代表。

在第一次、第二次訪華時見到的鄧小平先生就著名的《南巡講話》中談及股票和證券市場要素的引進時，這樣講：

「允許看，但要堅決地試。看對了，搞一兩年對了，放開；錯了，糾正，關了就是了。關，也可以快關，也可以慢關，也可以留一點尾巴。怕甚麼，堅持這種態度就不要緊，就不會犯大錯誤。"

這是靈活的高瞻遠矚的對應。用"量體裁衣"的尺子判斷"社會主義市場經濟"合適與否，再加以調整。在此之上，不是大舉引進，而是先試驗性地搞些深圳式的經濟特區，在判斷成功與否之後再徐徐地推進改革。從這樣的漸進式手法中，能很好地領略到中國的博大智慧。

挑戰未知領域的時候，很多人都會迷惑彷徨。這時如果有個"這樣做就會成功"的具體模型，就會放心。在中國的"經濟特區"制度就是製作這種模型的宏大挑戰。特別是深圳，是中國傾注全力打造的最前端的模型，是人類史的劃時代實驗。

作為開拓沒有道路的道路的先驅者，深圳人的辛苦肯定是非常大的。他們建設出了如此充滿活力充滿希望的深圳，真是不容易啊。

深圳市政府前，作為深圳市的象徵放置着一頭健壯魁梧的"孺子牛"也就是"拉着繮繩的開拓牛像"。

這個有名的"孺子牛"像，來自於魯迅的一節詩：

橫眉冷對千夫指

俯首甘為孺子牛

意思是"儘管有許多敵人批判我，但是我揚起眉毛冷面對待他們。為了幼子，我甘願低頭做牛與之遊戲"。

對於那無端指責，斷然不會屈服。毅然堅持信念的步伐。同時，為了民眾，為了青年，投身犧牲為之服務——只要擁有這種高尚的精神進行不斷挑戰，即使有任何時代轉變和障礙都不會走投無路。

擁有這個深圳市的廣東省，其省會是廣州市。2001 年 2 月，我從廣州市獲得了榮譽市民的稱號。

我還從著名的廣東省社科院拜受了名譽教授的稱號。該學院成為廣東省經濟、政治、文化、環境等所有領域持續性發展的頭腦和改革開放經濟的牽引力。

我實在無暇出席，每個授予儀式都是長子博正（SGI 副會長）代我參加的。這個名譽教授不期成為世界各地的大學學術機構贈給我的第 100 個名譽稱號，授予儀式的 2 月 16 日，正好是日蓮大聖人的誕辰。我懷着衷心的感謝，發誓要加深友好、交流。

深圳的地形據稱像大鵬展翅。我祈禱，持續着奇蹟挑戰的大中國這隻"大鵬"，向着 21 世紀的天空，更加雄壯地飛翔。

偉大先驅魯迅如何吟詠這隻大鵬的雄姿呢——我自己的詩興也勃然不絕了。

學術之都博洛尼亞

"您在全世界旅遊過，有沒有覺得哪個地方堪稱是理想化的城市呢？"

我和湯因比博士超過兩年共計 10 天的對談就快結束的時候，曾這樣問過博士。這是我特別想問博士的一個問題。

窗外，倫敦花季的柔和陽光滿照着大地，彷彿是傾瀉而下的淋浴（1973 年 5 月）。

博士稍作思索，首先列舉的是意大利的城市博洛尼亞。

"古代建築物的美麗，原封不動地保留着。而且形成現代生活中心的地區是現代化城市。能夠在現代之中，看到中世紀和文藝復興時期的美麗建築物。"

博士繼續說。

"博洛尼亞市內道路狹窄，高速公路只能建在城市外面。意大利人非常聰明，高速公路都建在城市外面。古老城市得以原樣保存。這是非常珍貴的例子。"

得償宿願訪問這所古都是在和博士對談的大約 20 年之後的初夏——1994 年 5 月 31 日星期二。

這天，結束了在佛羅倫斯的各項活動，從意大利文化會館出發，在明亮陽光的照射下，乘車一路飛奔。從高速公路下來直奔博洛尼亞會館。

在鬱鬱葱葱的白楊街樹環繞的褐色法城內，我和當地艾米利亞羅馬涅方面的代表們一起做了勤行，真誠祈禱大家度過光榮而愉快的長壽人生。我對同志們講：

"直插雲霄的白楊也不是一日長成的。是花費了一年又一年的努力生長的。信仰的功德也是如此。佛法是真理，功德會隨着年輪的積累成長為磐石般的大樹。"

不愧是文藝復興之地，藝術家會員的活躍也光芒四射，會館二樓展示着有志之士的力作。這也令我難忘。

❖ 世界最古老的博洛尼亞大學

創立超過 900 年的世界最古老的博洛尼亞大學，就聳立在這座古都。詩聖但丁和帶動文藝復興的桂冠詩人彼特拉克也在這裏學習過，時代的先驅者哥白尼和伽利略也求學於此。被譽為"學問的偉大之母"的存在，就是這所大學，這片天地。

有着睿智光芒的青年們生氣勃勃地散步在大街小巷。市人口 39 萬 4000 人當中，博洛尼亞大學學生們就有 9 萬 3000 人，是一座大學城。

"二戰"中，這個地方面對兇惡的法西斯的蹂躪還展開了最為勇敢的抵抗戰。在民眾解放運動"游擊戰"中犧牲的許多高貴的市民英雄，他們的臉部照片和名字還裝點着市政府的牆壁，現在仍然獻花不絕。

抵達第二天，我在博洛尼亞大學做了紀念演講。

演講會場的大講堂，是有着近 400 年驕傲歷史的磚石結構，外表堅實厚重，彷彿牢牢地扎根大地一般。進到裏面，拱形屋頂高高在上，十分明亮。寬闊的空間彷彿是為了配合徹底求知的精神飛翔。

場內宛如橢圓的大階梯教室，座無虛席。儘管是考試期間，還是有很多學生來參加，令我有些惶恐。我語帶幽默地對教授們拜託説，希望給這些出席演講會的學生們打個特別優秀的成績。話一説完，場內立刻響起了爽朗的笑聲。

講壇只比地面高出一分，坐席彷彿面對着演講台一般排列着。這個和聽眾有着一體感的排列方式，令人感到這所大學不愧是以學生為中心發展起來的。

演講之前，很光榮地我獲贈博士稱號，羅貝爾西·莫納科校長為我頒發了"博士指環"和證書。

我懷着把這一殊榮獻給創價大學創立的原點 —— 牧口常三郎先生和戶田城聖先生的心情，恭謹地拜受了。

校長在致辭中，提及"歐洲大學憲章"。

博洛尼亞大學創立 900 周年舉辦紀念活動的時候，英國牛津大學等世界諸多大學校長聚集一堂，協議並制定了這一憲章。它風格高雅地歌頌了大學應該承擔的重大使命。我們創價大學也作為日本大學的代表在憲章上署了名。

❖ 促進人類議會聯合國的活性化

演講的題目是"關於李奧納多之眼與人類議會 —— 聯合國的未來的考察"。因為我想，在這所中世紀就蜚聲國際、歐洲英才雲集的大學，演講題目要符合全球化的視點。

作為促進將要迎來創立 50 周年的"人類議會"聯合國活性化的精神基礎，我聚焦了體現世界公民精髓的達文西。要實現以聯合國為中心的新世界秩序，培養世界公民至關重要。為此，作為要點，從這個"文藝復興巨人"留下的精神遺產當中，以第一點"駕馭自己的意志"和第二點"朝着創造不間斷地飛翔"為中心，我進行了演講。

因為，其一，人們目光只對準制度和環境等外界因素，結果就是導致民族紛爭等悲劇。對於這樣的人類來說，萊昂那多"如何駕馭自己內心"的命題，其重要性與日俱增。

還有，繪畫、雕刻不必說了，李奧納多在動物學、植物學、工學、醫學等各個領域都發揮了無與倫比的創造激情，是個"萬能天才"。但是他完成的作品卻少之又少。連那個"蒙娜麗莎"據說都是未完成的作品。

他的眼神，不是在作品完成後而是在創造的瞬間閃耀着光芒。"完成"孕育着通向"固定"的危險。不是被簡單容易的"完成"所收納，而是持續"朝着創造不間斷地飛翔"，就是李奧納多這個人。

佛法中，把"未得思之為得"的生命態度戒為"增上慢"[1]。

就如"月月日日勤修行，一旦鬆弛魔侵入"（每天都要努力修行，有一點點懈怠，魔性就會趁機而入）所講的一樣，"不間斷地和自己的鬥爭"，正是佛法。

從"固定"和"輕鬆地完成"之上不斷飛翔的李奧納多的態度，是與相針對人們把現實固定化實體化的愚蠢傾向性，進行正面批判的佛教的緣起思想相通的。

比如說假設這裏有外國人。如果用固有思維認定這是"和自己不同的外國人"，那麼成為朋友的可能性就會被封閉了。

但是佛教的緣起思想卻道破，"外國人"這個判斷只不過是語言上的虛構而已。自己到了日本以外的國家，自己就會成為"外國人"。"外國人"這種固定化的實體可以説

1　增上慢，佛教用語。沒有開悟卻認為開悟了，沒有所得卻認為有所得，是驕傲自滿的表現，"慢"的一種。

本來就沒有。

這樣的緣起思想，總是讓人不去"固定"自己，而是面向新的"創造"。

在演講中，論及佛教緣起觀和李奧納多的相同之處——"不間斷地飛翔"持續進行的生命態度。這可以稱之為不間斷的"創造價值"。因為有一種力量，促使自己朝着更高層次的人生、向着更新鮮的創造性生命不斷上升。

李奧納多有句箴言叫"性急是愚蠢之母"。像這句箴言所象徵的那樣，這一智慧還尖銳地告誡存在於所有政治性、社會性層面上的冒進主義的危險性。

我在演講結束時說：

"我希望世界公民更加努力地團結起來，把聯合國升格為'聽從民眾聲音的人類議會'。

同時，萬物的證據到底是甚麼，作為人的價值到底在哪裏，國與國之間、民族與民族之間的親善友好的關鍵是甚麼。其地下水脈需要使文化之水高漲、承認異文化的同時又加深交流的新人本主義的脈動。這正是那個'大學憲章'所高聲宣言的理念。

我決心，一面繼承李奧納多的遺產，一面同大家一起向着人類史的嶄新黎明，走到底。"

令我高興的是，演講一結束，我就得到了大講堂裏面響起來的贊同的熱烈掌聲。

❖ 一直引領社會的大學

結束後，和青年們在博洛尼亞大街散步。由於學生們的來來往往而磨損了的石板路，令人感到歷史沉甸甸的重量。古舊的城牆圍繞着的舊街區，傳遞出文藝復興時期的厚重氛圍。

文豪歌德也曾在 1786 年訪問過博洛尼亞，置身於沉靜的舊街區景觀之中。

歌德在其著作《意大利紀行》中把博洛尼亞讚為"值得尊敬的古老的學術之都"，並且有些激動地記述登上城牆塔樓時的感慨：

"景色十分美麗。北面是帕多瓦羣山，然後是瑞士、提洛爾、弗留利的阿爾卑斯山脈，也就是説北方的所有山脈都聳立在那裏。西方是一望無垠的地平線，那邊只有摩德納諸塔峭然突出。向東是同樣的地平線延伸着，直到阿德里亞海。日出的時候可以看到它。"（高木久雄譯，潮出版社）

北望阿爾卑斯、東望阿德里亞海的博洛尼亞，是艾米利亞地區的中心地，是聯結文藝復興之都佛羅倫斯和商業之都威尼斯的街道與艾米利亞街道交叉的交通要道。博洛尼亞繁榮了，繁榮帶來了社會的變化，社會變化又改變了社會意識。

回顧人類史，大學總是走在時代變化之前的，根據社會要求，領導它的發展。

博洛尼亞大學發祥的時代背景在漢斯‧維爾納‧布拉布名著《大學制度的社會史》(山本尤譯，法政大學出版局) 中論述較詳。

中世紀的 11 世紀，以往由聖職人員對書本的壟斷被打破了。因為隨着商業發展，租賃業普遍開展，書本普及到一般大眾中間了。

除此之外，產生了五花八門的職業，對腦力勞動和體力勞動的評價發生了變化，聖職人員和一般信徒這個格式開始瓦解。

而且，行政事務增加了，對遠方貿易發達起來，對有資格的法律專家的需要大增。既有的教育制度中不存在的中世紀的大學，就是由這樣的變化帶來了發展。

由聖職人員對知識和信仰的壟斷明顯衰退。在學術昌隆之前，宗教咒語纏身般的權威下墜了。

11 世紀末，在學術之都博洛尼亞城，有許多法學家。其中著名的法學家依利納利烏斯專心修訂法律指明燈《市民法大全》。這部市民法的發展，使產生法律的學術之都博洛尼亞聲名大振，吸引了許多法學學生從歐洲趕來。（斯蒂芬‧第魯賽著《大學史》，池端次郎譯，東洋館出版社）

實際上，博洛尼亞大學發端於薈萃於此的歐洲學生按出身地結成的組織"學生聯合會（universitas）"（UNIVERSI-TY 大學名字的由來）。

這個"學生聯合會"在 13 世紀上半葉有阿爾卑斯山以南組的意大利人組織和外國人阿爾卑斯山以北組這兩個組織，構成"法學學生的學生聯合會"。後來名副其實地發展成了"學生的大學"。

在舊市區中心有座建築物曾是 19 世紀初之前的博洛尼亞大學。現在是市圖書館。建築物的磚牆呈現素雅的顏色。上面裝飾着來自世界各地的學者、學生的徽章。

這不禁讓人想起博洛尼亞大學具有的時代精神呼喚世界知性、喚醒創造性的往昔。

城市的擴大使得市場和交通網絡也擴大了。貿易組織化，產生了對讀寫、外語、法律組織、計算、地理學等方面資格的需求，出自這種需求，要求擴充高等教育制度的動向加強，從而促進了大學的設立。亦即，大學正是產生於社會的變革期。

2001 年，"意大利 2001 年在日本"的活動舉辦了一整年。

數年前，日本的各個團體共同在意大利舉辦了"Giappone in Italia（日本在意大利）"的活動。對此，作為互相交流，舉辦了上面的活動。

活動介紹了音樂和美術、體育和飲食文化、時尚等意大利文化的方方面面。這是很棒的事情，希望這樣的交流能大獲成功。

這次"意大利年"的主題高唱"創造力"，創造力堪稱象徵着自羅馬時代到文藝復興以及現代的意大利歷史的詞彙。並且這"創造力"還產生了博洛尼亞大學。

在那次演講的時候，博洛尼亞大學的羅貝爾西·莫納科校長説：

"博洛尼亞大學和創價大學朝着共同的目的在前進。堆積如山的人類課題——路途雖然遙遠，也有文化差異。但是我堅信，如果民眾們團結起來，我們'兄弟'齊心協力，就必定能解決它。"

這實在是全世界大學最大的"長兄"博洛尼亞大學對最年輕的"弟弟"創價大學的溫暖聲援。

兩所大學美麗的"兄弟"交流，後來也每年穩健地銘刻着歷史。

繼羅貝爾西·莫納科校長之後，卡魯扎拉力新校長和甘貝塔副校長夫婦、黎納魯第教授、卡薩迪奧教授等許多先生都熱情地接待了訪問博洛尼亞大學的創價大學學生，我無比感激。

今後，隨着信息技術等的發展，預料社會會發生翻天覆地的變化。對於這個挑戰，需要新大學的創造性應戰。

同時我相信，在教育層面上締造不可動搖的世界公民的團結，正是制止"權力魔性"的肆虐、防止"宗教的獨善其身"引起的紛爭、創造"和平的文化"的正確道路。

在這個"教育的世紀"開幕時分，美國創價大學（奧蘭治縣校園）做好準備建校了。

與世界各大學攜手，學習他們傳統的同時，向着 21 世紀，不，向着第三個千禧年，培養和平主義、文化主義、人本主義以及自然和人共生的領導人。我們美國創價大學就是這樣的大學。

在大學演講的第二天，從博洛尼亞車站乘火車啟程了。

我對來送我的青年們說"在世界第一的學術之都度過世界第一的幸福人生吧"、"祝你們永遠和睦相處，永遠幸福"。之後趕往下一個訪問地米蘭。

現在意大利的朋友們不斷進行着教育和人權、和平運動。在到處擴大着充滿信賴和友誼的知性網絡。

我在內心裏仰望着博洛尼亞會館的白楊街樹一般高高地直插新世紀雲霄的人才的希望大樹。

人生的真髓“不屈的靈魂”

時隔三年再次造訪英國。

1994 年新綠飄香的季節，訪問俄羅斯、德國、意大利、英國 4 個國家 7 個城市的 36 天旅程的最後一站。抵達倫敦希斯羅機場那天是牧口首任會長誕辰的 6 月 6 日。

法蘭西學院院士、著名的文明評論家安德烈·斯古夫利多把英國人的特色表述為“不屈性”。

“人生目的不是下降，而是上升”，“人是為了超越自己而造出來的”。斯古夫利多說這些英國短句如實地表現了這種不屈性。

同時，他還指出了歐美各民族的象徵性特性並加以分析。英國人是“不屈性”，法國人是“獨創性”，德國人是“規律性”，美國人是“活力”。

當然，我們要避免臉譜式的斷定評價。但是在理解各民族精神性方面，這是非常富有啟發性的論點。

英國王室的查爾斯王儲就是天生具備英國人不屈性的英國紳士。

6 月 8 日早晨，我在王儲位於英國西部格洛斯特州的私邸海格洛夫府邸受到接待。

　　周圍，綠色丘陵和田地連綿不絕，牛羊嬉戲成羣。用這個地方特產的黃色色調的科茨沃爾德石頭建造的房子沐浴着朝陽，金光閃閃。是個清爽的黃金早晨。

　　進入門內，有座有機耕作的農場，一直延伸到百花綻放飄香的庭院。據說這是王儲花費了十年心血的莊園。穿過自然情趣生機盎然的一片和諧的美麗庭院，就到了樸素然而有着威風凜凜風格的三層建築物。

　　查爾斯王儲到門口來迎接我。

　　"歡迎光臨。我期待着和您見面的這一天。"

　　是令人感到王儲心靈深邃的溫厚嗓音。

　　王儲領我們來到客廳，在那裏談得興致勃勃。長子博正（SGI 副會長）也在座。

❖ 教育中重要的是"為人之道"

　　我們就教育、建築、人生等話題親切友好地交談了大約一個小時。

　　查爾斯王儲對於現代建築物缺乏"對人性的關懷"和"對美的尊重"非常憂慮，一直進行着積極的發言。這是眾所周知的。

談及其大作《英國的未來像關於建築的考察》，王儲說：

"我一直盡量把目光投向自己周圍的環境，並觀察、關心這些。'美'是基本原則，是超越時間的。我想，所謂真正的文明就是正確理解這些原則。這是宇宙法則。"

我說："根據永遠的法則，無限地創造價值。這就是'創價＝價值創造'精神。"

王儲對自然環境的熱愛，細微處都流露出來。拿出來招待的餅乾也是用有機小麥做的。

王儲為了教育青少年，進行了多方努力，例如有志於"21 世紀的建築"、"新千年的建築"而創立了建築學院等。創立學院是在 43 歲。和我創立創價大學是同一年代。

王儲說："我最值得驕傲的就是青少年教育。教育是對未來的投資。"

查爾斯王儲還是我之前（6 月 1 日）剛進行過演講的世界最古老大學博洛尼亞大學的名譽博士。我把羅貝爾西·莫納科校長委託給我的親筆書信交給了王儲。

王儲的教育觀十分明確：

"怎樣把握未來呢？對社會將來起決定性作用的，教育的力量還是很重要的。我認為在教育方面至關重要的是亙古不變的'為人之道'。這是歷經數個世紀培養起來的基本原則。"

王儲真是位胸襟寬廣、熱心探索的人。

院子裏有個日本出產的錦鯉嬉游的池塘。據說這些鯉魚是和我也親切交談過的天才小提琴家梅紐因先生贈送的。

王儲是堅持行動的不屈的王儲。那時也剛從因公造訪的挪威回來兩天。

大眾報紙以惡意和興趣至上而描繪的虛像，和真實是多麼脫節啊。

王儲這樣總結他的著作：

"所有事物都要求再研究一下我們的價值和態度。絕對不會屈服於嘲笑這些觀點的人的威脅。他們的時代已經結束了。看看他們給我們留下的沒有靈魂的混亂好了。"（山口保夫譯，東京書籍）

我不揣冒昧，説：

"都是嫉妒。不管發生甚麼，應該蔑視這些，毅然向前向前進軍。如果領導人不毅然前進，民眾就會不幸。不朽的事業，總是會受到同時代的壓迫。但是，我相信，面向暴風雨，超越暴風雨，不朽的事業才能成功。"

王儲説"很高興您這麼説"，很愉快地接受了我的觀點。

告辭時，王儲鄭重地送我直到門口。

院子裏，紅色直升飛機等待着飛向下一個計劃訪問地——牛津的王儲。

最後我們緊緊地握手時，我再次重申：

"請勇往直前地走自己的路，走'王者之道'吧。為了國民，為了世界，為了傳統王室。"

我回到附近的泰特伯利小鎮，萬里無雲的湛藍天空上，飛翔着王儲搭乘的紅色直升機。

那天我前往塔普魯庭綜合文化中心，巨大的鮮艷的彩虹橋橫亙長空。七色彩虹彷彿上天祝福的寶冠一般，高高懸在空中，裝飾着塔普魯庭城。

"王冠在於心中，不在頭上……我的王冠是'滿足'之冠！"（莎士比亞《亨利六世》）

❖ 英國友人匯聚一堂的塔普魯

心中充實感勝於寶冠。心靈滿足的寶冠熠熠生輝的英國友人匯聚一堂進行交流的場所，就是塔普魯庭文化中心。我懷着對支持我所有活動的諸位會員的感謝之情，贈給他們下面這首和歌：

> 良辰佳日裏
> 諸天[2]送祝福

2　諸天，佛教用語。指住在天界守護佛和佛法的眾神。

塔普魯庭上
彩虹高高懸

　　矗立在倫敦西郊綠色丘陵上的這個中心，迎來了開館5周年紀念。自開館以來，舉辦了英國陶瓷器展、"活在今日的日本傳統"展、東洋哲學研究所的連續講座、"環境開發國際會議"與臨近友人的慶祝活動以及其他各種豐富多彩的活動。英國SGI會員以這裏為中心聚集在一起，精勤研究佛法，努力完善自己的人格，他們的活躍是非常突出的。

　　6月10日，先於SGI總會，韓國、馬來西亞、香港代表聚集在一起召開了"SGI歐亞交流會議"。會上，我通過一本新書介紹了英國SGI的發展狀況。那就是牛津大學出版局出版的題為 *A TIME TO CHANT*（《唱題時》）的研究書籍。

　　宗教社會學的世界性代表人物、牛津大學的布萊恩・威爾遜教授（國際宗教社會學會的首任會長）和比利時的魯汶大學多布拉雷教授（該學會第三任會長）一起對於英國SGI運動的會員實態進行了調查、研究，歸納了分析結果。

　　我和威爾遜教授出過對談集《社會和宗教》。他是位傑出的學者，也是位高尚的英國紳士。

　　該書中，對於許多英國SGI會員基於開放的寬容的精神展開活動的同時作為自立的個人在社會的各個領域活躍着的事實予以了關注。並且洞察到這是提倡人性尊嚴教導對他人服務重要性的日蓮佛法的必然結果。

並且還敍及這一宗教是向藝術伸出熱情之手讓人們的創造性才能開花結果的宗教。

還對 SGI 在和平問題和環境問題、難民救濟、教育文化活動等廣泛領域內活躍不已這一事實給予高度評價。

1972 年、1973 年和湯因比博士對談的時候，英國 SGI 還處於草創期，會員也很少。正是憑借不屈的英國精神，每個人都奮鬥努力，才在社會上取得極大信任。我衷心送去讚賞的喝彩。

實際上，這個塔普魯庭綜合文化中心的存在本身，就象徵着英國 SGI 的發展狀態。

塔普魯庭位於泰晤士河畔的森林和湖泊環繞的塔普魯丘陵。距離溫莎城堡和伊頓公學也很近。到倫敦市區交通也極為方便。晴朗的日子裏，風光明媚的泰晤士河上流景觀一覽無餘。南側斜面的某處，有一個泉水形成的小水池。

塔普魯庭的歷史可以追溯到兩千年前。

這裏在公元前後是和羅馬人入侵作戰的基地，撒克遜時代的 6 世紀，大君主塔額帕統治這一帶，建造了他的墓地古墳。塔普魯這個地名據説來自這個君主的名字。

諾爾曼征服之後，這裏又成為王族、貴族盛衰榮枯的舞台。

"塔普魯庭"館 17、18 世紀為許多貴族階級所有，到 19 世紀中葉，主館經修葺後，成為現在維多利亞朝哥德式外觀。亨利八世（16 世紀）在這裏進行過審判，伊麗莎白一世年輕的時候被幽禁。還有安妮女王（18 世紀）、愛德華七世（20 世紀）、邱吉爾首相等裝點英國歷史的響噹噹的人物都在這裏留下過足跡。20 世紀初，這裏還成為各國政治家、外交官、藝術家雲集的社交場所。作家 H·G·威爾斯作為賓客被邀請至此，為這裏的美景所感動，在作品中加以描述。

後來，這裏作為研究設施使用，成為文化、學術的搖籃。

我造訪的時候正在舉辦紀念 IOC（國際奧委會）設立 100 周年的"奧運會·英雄"展。展覽展出了追思塔普魯庭最後的貴族城堡主人威廉·亨利·古蘭佛魯也就是後來的德祖巴拉爵士的遺物。

爵士作為英國奧委會會長作出了貢獻，是被尊稱為"偉大的業餘者"的人物。他是有名大學進行對抗的划艇比賽的主力，還在板球、中長跑、登山、游泳、網球、摔跤等運動項目中打破多項紀錄。一生都沒有退出賽場。50 歲之後，還參加了雅典奧運會的擊劍比賽，被譽為"巨大古老的岩石般的運動員"。

贊同現代奧運會之父法國的顧拜旦男爵思想的，在英國就是這位德祖巴拉爵士，還有仰慕地聚集到這個塔普魯庭來的會員。作為倫敦奧委會委員長成功進行指導的也是他。遵照業餘精神，用體育交流把人和人聯結起來促進和平，這個現代奧運會的推進者就是塔普魯庭的主人。

位於體育發祥的國家，塔普魯庭也成為了近代體育的交流起點。

有着這樣來頭的府邸，如今成為了歐洲 SGI 的一大據點，促進着文化、教育、藝術、學術的交流，推進着和平運動的發展。這是令人高興的事情。2001 年 5 月 3 日，還新建了"新世紀廳"。這是具有嶄新設計的建築物，作為向當地開放的市民交流廣場使用。是細心考慮到環境和節省能源等問題的具有劃時代意義的建築物，非常引人注目。

❖ "不服輸"

6 月 13 日，我從倫敦飛往蘇格蘭的格拉斯哥。

從創立於 1451 年的格拉斯哥大學接受到邀請。

產業革命的電源之地格拉斯哥於 1990 年被指定為歐洲的"文化之都"。是"學術之都"的同時，還是擁有許多美術館、劇場等的"藝術之都"。

"格拉斯哥"據說在原住民克魯托人的語言中是"綠色山谷"的意思。在璀璨奪目的美麗的新綠之中，與同志們一起度過的格拉斯哥的回憶說之不盡。

創立五百多年的格拉斯哥大學是富有悠久傳統的名校。往昔的"大英帝國工廠"推進力就出自格拉斯哥大學。世界第一個設置工學專業的也是該校。

從這裏畢業的學者浩如繁星。古典經濟學鼻祖亞當·斯密、與牛頓齊名的近代物理學之父開爾文勳爵威廉·湯姆森、近代土木工學之父麥克·朗肯等。

還有諾貝爾化學獎獲得者威廉·拉姆塞等，這所大學相關人員中諾貝爾獎獲得者超過 20 人。

促進明治初期日本近代化的也是這所大學畢業的學生。建立東京大學前身工部大學也是該大學出身的年輕技術人員亨利·戴爾。

福澤諭吉、大久保利通、岩崎彌太郎等明治指導者也都把子弟和親戚送到格拉斯哥大學留學。

19 世紀末，據說領先於其他國家設立"名譽博士"制度的其實是蘇格蘭。很榮幸的，我從格拉斯哥拜受了名譽博士的稱號。在該大學的布拖大廳舉行了莊嚴的授予儀式。克安庫勞斯校長、傅雷扎校長以及曼勞大學評議會主席等許多人士都對我給予多方關照，我不勝感激。

蘇格蘭的 SGI 會員們都朝氣蓬勃地活躍着。和會員們一起去格拉斯哥花海公園拍下了"永遠的歷史"的紀念照。

蘇格蘭和堪察加半島幾乎位於同一個緯度。多雨，多陰天，日照時間短，冬季長。一到冬天，下午 4 點已經日暮，早上即使到了 9 點，依然天色昏暗。寒冷的勁風無情猛吹。

格拉斯哥大學舉辦典禮的日子，極其寒冷，不讓人覺得這是 6 月天。逗留的 4 天中，既有晴天，也有雨天，天氣的微妙變化令人領略到格拉斯哥的四季韻味。

草創期的朋友們就馳騁在這片和北海道幾乎面積等大的廣闊的蘇格蘭土地上，互相鼓勵着前進。

我在內心中呼籲：

"大家要成為最幸福的人，要永遠幸福下去！作為人中之王者活着吧。"

朋友的臉龐，因為希望和喜悅而閃耀。我在紀念攝影會上贈給格拉斯哥學會領導人夫婦一首和歌：

格拉斯哥城

夫婦並肩立

廣宣歷史放光芒

築起一座功德城

「不服輸」就是「不屈服」——這是佛法修行者人生態度的真髓。只要有這種人生態度，人生的步伐就一定會取得終極的勝利。

格拉斯哥的首次訪問，所有的一切都是熠熠生輝的。湛藍的天空，蔥鬱的山丘，詩情畫意蕩漾的羅蒙德湖。而其中最為熠熠生輝的，是人。

經歷風霜的不屈不撓的靈魂，熠熠生輝……

阿育王、甘地、尼赫魯展

阿育王、甘地，以及尼赫魯 ——

是印度歷史，不，是人類歷史上如喜馬拉雅山般高聳的巨人之峰。

凝視其人格巨峰的深處，可以發現脈動着靜靜燃燒之後仍然熾熱的"靈魂岩漿"。

被岩漿烤熱的精神地下水脈歷經幾個世紀如間歇噴發的泉水一般，噴湧到印度大地上，滋潤人和社會以及時代，給人類的前進道路帶來巨大影響。

其底流中，有着印度孕育的釋尊的永不褪色的慈悲訊息。

在精神大國印度，"精神"不單單止於"理想"和"觀念的遊戲"。是把認為"不可能"的事情在現實中變成"可能"的實驗、實證的大地。印度精神的巨人不是書桌上的夢想家。是會走路、行動、講話、吶喊、戰鬥的行動者。

一說到"慈悲的政治"和"非暴力"，就會遭到"這是美麗的理想。但是，現實不是那麼天真的"的攻擊。現代社會特別是日本充斥着這樣的冷笑主義。

但是，看看阿育王吧。看看聖雄甘地吧。我們能看到
"理想"戰勝"現實"的實例以及"精神"戰勝"槍炮"的實
例。可以讓那些嘲笑"理想"、鄙視"理念"的人們"看看
這些人"。

❖ 凝結人格光輝的遺物

秋色秀美的 1994 年 10 月，"阿育王、甘地、尼赫魯"
展在東京富士美術館開幕了。作為印度政府正式活動的該
展覽，和一般的繪畫或雕刻展覽宗旨是不同的。

展出的是顯示阿育王民眾救濟精神的碑文、遺蹟雕
刻，甘地的卓越的非暴力運動的珍貴資料和照片，用和平
外交引導獨立印度的尼赫魯總理的遺物，達 300 件。這些
都是超越時空、現在也不失新鮮的凝結着鮮活人格光輝的
展品。

該展覽的主題是"療傷之手"。印度共和國總理拉奧捎
來訊息說"療傷之手"這個詞"非常完美地表現了阿育王、
甘地和尼赫魯給人類帶來的影響"。

出席開幕式的尼赫魯紀念基金的索菲亞·甘地總裁
(已故拉吉夫·甘地原總理夫人) 的祝辭，非常準確地闡明
了銘刻在印度大地上的"精神系譜"：

"他們三人共有的思想都發源於共同的源泉。遵循這些，最後就會回溯到釋尊的教誨。公元前11世紀中葉，印度產生了喬達摩佛陀這個世界上最大的非暴力理論家和實踐家。正如在日本、印度廣為信仰的那樣，他是對人類和所有創造物都抱有慈悲的存在。"

阿育王以釋尊之法為基礎進行統治，擴大了善政的版圖。向人們呼籲寬容和慈悲的無數碑文，雄辯地說明了這一點。

時代變遷，離釋尊那個時代已經有兩千多年了。偉大的先師宣講的教理，經由甘地復活了。用簡陋的繩子編織的每當翻身時就會咯吱咯吱作響的愛用的牀等這些樸素的遺物讓人想起他對民眾一心一意的獻身。

尼赫魯展區展出的手織的棉質印度民族服裝，每當有正式活動尼赫魯就自豪地穿上它。讓人聯想到"二戰"後給國際社會吹進一股新風的尼赫魯颯爽英姿。這是索菲亞總裁親自挑選特別展出的。

深綠色封面刻着金字的梵語《法華經》特別引人注目。這部《法華經》是印度文化國際學會理事長勞克斯·茶多拉博士的父親拉古比拉博士贈給甘地的。據說那時拉古比拉博士對甘地解釋"南無妙法蓮華經是宇宙森羅萬象的根源，是宇宙大的力量和至高音律的表現"。

以大英博物館和劍橋大學圖書館、俄羅斯的科學院東方學術研究所聖彼得堡分院收藏的抄本為基礎，日本和荷蘭的佛教學者在蘇聯（當時）出版了這本《法華經》。

拿到這本《法華經》的甘地感嘆地說：“竟然是日本人和西方人之手編輯、蘇聯出版的。”

佛教經由絲綢之路由西向東傳播過程中，《法華經》作為經中之王是最為推崇的，受到廣泛傳承。

這大大促進了形成這一源流的釋尊的偉大精神的復興。

後來，我和在美國創立了“甘地非暴力研究所”的聖雄孫子阿倫·甘地博士進行了會談（2000 年 7 月）。

博士對美國 SGI 青年部展開的“VICTORY OVER VIOLENCE”（戰勝暴力）運動產生共鳴，對其給予了支援。

阿倫博士 10 歲開始有一年半的時間是和祖父甘地在中印度的阿什拉姆（道場）度過的。博士明確地證言說甘地在阿什拉姆祈禱時唱過“南無妙法蓮華經”。聖雄的和平祈禱也直抵釋尊。

在甘地運動中在後世赫赫有名的“食鹽遊行”發生在1930 年。

作為對英國食鹽專賣·高稅的抗議，呼籲食鹽自給自足的遊行，依然與殖民地統治對抗，一路上支持者在不斷地增加。25 天行進了將近 400 公里的距離，4 月到達印度西海岸。在數千名印度民眾的注目和喝彩聲中，甘地拿起了食鹽。

同年 11 月，在日本，創價教育學會在牧口首任會長、戶田第二任會長領導之下呱呱墜地了。不久在挺進戰爭的烏雲之中，運動銘刻了首任會長殉教的嚴肅精神越發高漲起來。

從佛教發祥地和佛教傳播到東方的盡頭，好像計算好了一樣，展開了以釋尊為源流的廣泛的民眾運動。是奇妙的"歷史的同時性"。

❖ 徹底保護民眾的正義之魂

我曾經和甘地的直系弟子甘地紀念館副主席潘迪博士促膝長談。

"再年輕 20 歲，我就會更加不遺餘力地協助池田會長爭取世界和平的戰鬥。"——85 歲的博士講這樣的話，令我非常惶恐。

博士年輕時抗議甘地遭到不正當逮捕的時候，被騎兵隊鎮壓，膝蓋受傷了。自那以來，他拖着殘疾的腿持續戰鬥。

聽他講述了從獨立戰爭到印度解放的悲壯歷史。

1942 年，博士參加了東孟加拉的鬥爭。5 個少女自發站在了遊行隊伍的前頭。一個人舉着旗。20 幾發子彈擊中了少女的身體。30 秒鐘的工夫。旗子由下一個少女舉起來了。子彈奪去了這個少女的生命。下一個少女舉起了旗子，又被擊中了。儘管最後的少女也被擊中了，旗子依然屹立不倒。

如此崇高無私的民眾保護到最後的這面"正義之魂的旗幟"，博士作為甘地的直系弟子，奮不顧身地接下來，一直舉到最後。

聖雄甘地的鬥爭時常用"非暴力主義"這個詞來象徵。這個非暴力主義不但給印度獨立、還給美國的馬丁·路德·金以及南非的納爾遜·曼德拉以強大的影響力。可以說成為了"20 世紀的精神基軸"之一。

甘地的"理想"絕對不是"空中樓閣"，也沒有"落伍於時代"。具有着在今天的現實中也通用的力量。

潘迪博士也通過美國許多大學開始重新研究甘地主義這個事實，極力主張甘地是"21 世紀的人"。

在很多印度的有識之士都指出了釋尊的慈悲思想和甘地的非暴力主義的共同之處。例如甘地紀念館的拉達庫利蘇南館長就說過："甘地是根據釋尊宣講的非暴力哲學和理念進行戰鬥的。他最精彩的話就是'靈魂'的力量比原子彈還要強大。"

並且還對我們的運動寄予了期待。"SGI 如果繼承了甘地留下的精神，超越所有的指責和迫害，就會證明'比原子彈還要強大的靈魂力量'吧。"

甘地的"靈魂之戰"不是單純地戰勝英國，甘地的戰鬥超越國境，一定會給美國給南非還有人類的現在和未來帶來力量。

也就是說，那是"與威脅人類尊嚴的東西的戰鬥"。因此，民眾都自豪地參加獨立戰爭，把不可能變成了可能。

那次著名的"QUIT INDIA"（從印度撤出去）演講中，他明明白白地講道：

"我們不是在和英國國民作戰。而是和他們的帝國主義作戰。對英國權力的撤退要求，不是出自於憤怒。"

"事實上，我認為自己現在比以前更是英國國民的好朋友。"（森本達雄《甘地》，講談社）

甘地追求的是"suwaraji"。這個 suwaraji 翻譯成"自治"和"獨立"等。這不僅僅是印度從英國帝國主義統治下獨立出來的意思。

Suwaraji 在印度的古語梵語中是"suba·rajyan"。"suba"是"自己"、"rajyan"是"王"、"統治者"的意思。也就是說，"suwaraji"具有每個人"統治自己"的深刻含義。

甘地說："我們學習統治自身的時候，這就是suwaraji。"

冷戰後的世界中，我們很遺憾地目睹到，"民族獨立"的大義名份很多時候都陷入排他性的褊狹的民族主義。

考慮到這些，甘地把"自治"和每個人凝視、自省、控制自己的這種根本性行為聯結在一起，不禁令人驚嘆他的慧眼。

這和每個人的變革是和社會變革、世界變革的必需條件的"人間革命"的理念在深處也是相通的。

❖ 試圖復甦釋尊教導的尼赫魯

說到尼赫魯，作為印度首任總理在戰後很長一段時間是非同盟外交、和平外交的旗手。在冷戰期，在非暴力教義中找出解除東西方陣營對立和敵意的關鍵，這是值得大書特書的。

他對於佛教具有非常正確的認識。主要著作之一《發現印度》裏面有這樣一段話：

"佛陀具有攻擊民間宗教、迷信、儀式、祭司的陰謀以及與此相關的一切既得權益的勇氣。他還強烈批判形而上學的神學見解、奇蹟、啟示、超自然力的聯繫。他呼籲的是邏輯、理性以及經驗。他強調的是道德，他的方法是心理分析，是不承認靈魂的心理學。他的所有講法方式都彷彿是在形而上學的思辨的沉滯空氣過後，帶來了一股新鮮的山風氣息。"（辻直四郎譯，岩波書店）

可以説，尼赫魯把遙遠時代的釋尊教義和聖雄的指針也適用到國內問題和國際社會上，嘗試在內外的和平構築上復甦那些理念。

該書中尼赫魯還寫着：

"甘地出現了，採用太古以來的印度式的做法用間接的方法解決了問題。並且他的眼光傾注在民眾上。他是十分直接的，是十分具有攻擊性的，是十分倔強的。"（辻直四郎譯，岩波書店）

在供展覽的物品中，有一個充滿了特別強大的力量和高雅氣質的展品，那就是阿育王的獅子柱頭。

它豎立在尊初轉法輪之地鹿野苑，把四頭獅子形象化，象徵着阿育王佛法的統治遍及東西南北四方。

當初，甚至擁有"暴虐的阿育王"別名的國王，靠信仰釋尊覺醒了，捨棄"憑借武力的勝利"，追求"依靠真理的勝利"，於是他作為"偉大的王"名留青史了。

這一戲劇般的人心改變正可以冠之以"偉大的王"之名。這裏也儼然存在着"人間革命"、"suwaraji"的實證。

由於甘地以及尼赫魯等人的奮鬥而獲得獨立的印度，其國旗中央，阿育王展開正義的法輪翩然而轉。還有在印度的公文中，驕傲地刻印着阿育王的獅子柱頭。

對於從政的人來說，阿育王留下的嚴厲的法敕，在新世紀中更加振聾發聵。

"像能夠安心託付孩子的賢良乳母一樣，必須為了地方人民的利益和安樂努力。他們還必須常常關心司法公正和刑法公正。"（山崎元一著《阿育王及其時代》，春秋社）

現在我和印度的代表性哲學家羅凱修·錢德拉博士以"談世界哲學"為題正在進行對談。

關於阿育大王，也是一個很大的話題。博士把阿育王定位為是把佛教提高到世界宗教的擁護者。大王向人類普遍顯示了佛教的人本主義，並且還是偉大的和平與文化運動的先驅者。

讓地下水脈噴湧出希望之泉來滋潤未來，這是博士期待並託付給我們 SGI 的使命。這真是榮光之至。

展覽會上懸掛着尼赫魯感人肺腑的一句話。

我出聲地讀了出來：

"重要的是為了人們工作、再工作，度過多少個不眠之夜。"